全日空工作法2

ANA的关怀法则

[日] ANA商务咨询 著　胡静 译

仕事も人間関係もうまくいくANAの気づかい

北京时代华文书局

图书在版编目（CIP）数据

全日空工作法2：ANA的关怀法则 /（日）ANA商务咨询著 ； 胡静译 .
— 北京 ： 北京时代华文书局， 2017.1
ISBN 978-7-5699-1284-5

Ⅰ. ①全… Ⅱ. ①日… ②胡… Ⅲ. ①航空公司－企业管理－经验－日本
Ⅳ. ① F563.136

中国版本图书馆CIP数据核字（2016）第291092号

SHIGOTO MO NINGENKANKEI MO UMAKU IKU ANA NO KIZUKAI
©2015 ANA Business Solution
First published in Japan in 2015 KADOKAWA CORPORATION, Tokyo.
Simplified Chinese translation rights arranged with KADOKAWA CORPORATION, Tokyo
through Bardon- Chinese Media Agency.

北京市版权著作权合同登记号 字：01-2016-6670

全日空工作法2：ANA的关怀法则

QUAN-RI-KONG GONGZUO FA 2：ANA DE GUANHUAI FAZE

著　　者 | [日] ANA商务咨询
译　　者 | 胡　静

出 版 人 | 王训海
选题策划 | 胡俊生
责任编辑 | 樊艳清
装帧设计 | 程　慧　迟　稳
责任印制 | 刘　银

出版发行 | 北京时代华文书局 http://www.bjsdsj.com.cn
北京市东城区安定门外大街136号皇城国际大厦A座8楼
邮编：100011　电话：010-64267955　64267677
印　　刷 | 河北鹏润印刷有限公司　0317-5196862
（如发现印装质量问题，请与印刷厂联系调换）
开　　本 | 880mm×1230mm　1/32　印　　张 | 6　字　　数 | 67.2千字
版　　次 | 2017年5月第1版　印　　次 | 2017年5月第1次印刷
书　　号 | ISBN 978-7-5699-1284-5
定　　价 | 36.00元

从我到顾客

从我到团队中的伙伴

从我到上司、下属

不忘展开“关怀”

就会取得工作成果

前　言

本书集结了ANA职员们在日复一日的“关怀”实践中所取得的成功诀窍。对就职该公司20多年的现役职员以及OB们进行采访，才得以将他们在各个基层中持续努力所得的ANA人代代相传下来的“口授技术”首次公开。

2013~2015年，ANA在英国SKYTRAX公司进行的航空公司星级排名中**连续三年获得世界最高的“五星”评价**。

ANA是如何实现“国内第一，世界排名第七”这一结果的呢？——答案的一个重要方面就是公司全员都在实践的“关怀”。

从“弱小航线”“起步晚”开始的我们没有充足的资金，也没有最新设备（1986年刚刚引入国际航线时的机场办公室为活动板房）。我们所拥有的武器只是忠实地以“使乘客满意”为目标。

>> “关怀”就是想象

“关怀”是个悦耳的词语，但是它给人的印象模糊、不具体，十分让人纠结。因为它即便是被归为“礼仪”之列，很多时候也需要由个人来对其进行裁量。

另外，由于这一词语的定义本身就很模糊，因此每个人对于它的思考也千差万别。

“新人不够机灵，真是头疼……”

“即便自己已经小心注意了，但还是给客人造成了麻烦。”

在我们进行研修的企业中也能听到这样的声音。

本书中为 ANA 的关怀做了以下两个定义：

1. 关怀就是想象“对方”的习惯；

2. 关怀就是想象“接下来的事情”的习惯。

平时我们感觉遇到了“很机灵”或者“进退得体”的人时，他们往往都是做到了以上两点。这里用的“想象”一词有些夸张，其实它并不需要特意去思考。

关怀就像是一种“习惯”“惯性”。在你习惯它之后，它就会变得如同你每天刷牙一样自然。

>> 面临瓶颈的九成原因在于“感情”

现今的生意场上，一个人完成全部工作的几率正在逐渐减小，大家追求的是综合他人的强项，在团队中、在项目中取得“迅速而确实”的成果。

当然，有时我们与团队成员也是初次见面。职场不同，你就可能会和拥有不同企业文化的人，甚至是不同国家的人一起工作。

此时最为重要的一点就是“关怀”，这不仅只针对服务业。**想要没有共同基础的双方达成共识，就要把“关怀”变成为人们所必需的商业技能。**

在与基础不同、所处环境不同的人们一起工作时自然会产生摩擦。当感到工作进展不顺、对方不能配合到位时，检讨我们处于瓶颈期的主要原因，基本都来自人类的感情。无论人类社会多么高度机械化、效率化，你都无法轻易打动他人。只有人类才拥有的问题也只有人类才能够解决。

例如，你对下属说“这个工作拜托你了”，但是他却根本没有去做。这时，

- 想象“他为什么不做这个工作？”
- 为对方着想，抢先伸出援手。

这就是关怀。

>> 与职业经历无关，每个人都能做到

没有一个 ANA 的职员天生就会关怀他人。

公司中的 3 万名员工都是首先作为新人进入公司，然后在职场上经历过众多的失败与反复尝试后才逐渐学会关怀。

通过一天天的逐步实践，这种关怀就变成了习惯。当然，

我们现在依然还处于学习之中。

因此，本书中所介绍的内容并不难懂。无论你身处何种职场，无论你工作几年，都可以从今天开始进行简单的实践。

如果ANA在企业的奋斗中逐渐积累并延续至今的“关怀”的诀窍，能为正苦于工作艰难或人际关系不顺的人们带来启示，那将使我们不胜欣慰。

ANA商务咨询

目 录

序言／1

Chapter 1
“关怀”是取得成果所必需的商业技能

Action 01　不仅只有CA需要关怀／3
Action 02　不关怀同伴的人也不会关怀顾客／9
Action 03　关怀就是想象“5秒后的未来”／14
Action 04　不被人察觉的关怀才是“真金”／17
Action 05　老员工要关怀新员工／21

Chapter 2
一切关怀都源于“守时”

Action 06　关怀就是“准备” / 27
Action 07　记住第二天的对话“脚本” / 33
Action 08　行家总是在倒推后再做决定 / 39
Action 09　工作要从晚上下班时开始倒推 / 45
Action 10　不要“此前一会儿”，而是“此前20分钟” / 48
Action 11　迟到时更要具体表明“延误时间” / 51

Chapter 3
“认真对待顾客”是接待的及格线

Action 12　接待的及格线是“不让对方感到不快” / 57
Action 13　以“衣食住行”是否有问题作为判断基准 / 60
Action 14　“想要水”的意义有100种 / 64
Action 15　“不要漏掉”顾客的需求 / 69
Action 16　“打招呼+几句话”是初次见面时最强有力的武器 / 74
Action 17　利用“天兴新土熟家健”的闲聊测量与对方的距离 / 78
Action 18　其他工作经验可以拓展关怀范围 / 81

Chapter 4
初次见面就“投缘”的诀窍

Action 19 明白“自己的语言与对方的语言不同”／89
Action 20 “注意仪容”不是为自己，而是为对方／94
Action 21 利用“公文”或“图表”来传达复杂的事项／98
Action 22 自己首先打招呼，“没有要紧事也要与对方说话”／102
Action 23 你是“邮件派还是电话派”，明确联络手段／106

Chapter 5
用关怀的“魔法话语”打动人心

Action 24 不是“传达”，而是“接收”／113
Action 25 附加“原因”，多次传达／119
Action 26 先夸奖，打开对方“聆听的大门”／124
Action 27 对方越是着急，越要“慢慢”说话／128
Action 28 公文“定型”后能够消灭“疏漏”与“漏洞”／132
Action 29 利用“笑话”改变僵局／136

Chapter 6
ANA特有的“上司对下属”的关怀

Action 30　注意，“权限”不是“权力” / 143
Action 31　在人前决不要发怒或批评他人 / 146
Action 32　由己及人 / 151
Action 33　推动下属积累“成功体验” / 154
Action 34　与上司/老员工见面时不要去的过早 / 158

Chapter 7
在“团队”中的关怀活用法

Action 35　关怀可以“结构化” / 162
Action 36　“什么都不做”也是关怀 / 167
Action 37　用关怀“感染”组织 / 172

后记 / 177

Chapter 1

“关怀”是取得成果所必需的商业技能

Action
01

不仅只有CA需要关怀

POINT

无论好事还是坏事，都要传达给对方，这样才能提高团队质量。趁对方还记得自身的行动时，就要当场告诉对方，这点很重要。

不是“可有可无”，而是“必须有”

我们为什么如此重视关怀？其原因就是**为了实现 ANA 的经营基础——“安全”**。

任何企业或组织都会把企业的存在意义作为最高命题。

“为顾客创造价值，推动社会发展”

“使人们的生活更加富裕”

“让顾客满意是我们的最高追求”……

ANA 的最高命题则是“安全”。

这是本书中多次会接触到的内容，对 ANA 成员来说，“让飞机安全飞行”是首要任务。

ANA 的飞行员这样说：

“工作人员为了使飞机安全飞行而始终在关怀我们。相对的，飞行员则要对他们说‘感谢你们总是让我们安全飞行’。关怀对我们来说就是必要的‘确保安全’的支持。”

ANA 的维修人员（安全检查员）这样说：

“为了不在检查中出现错误，必须要建立起能够让消息传递畅通无阻的人际关系。”

ANA 的 CA 这样说：

“人与人的所有沟通、交流的基础就是关怀。”

虽然 ANA 的员工在进行“关怀”时每个人都有各种各样的方法，但所有员工也有共同点。

那就是**“关怀是工作中所必需的商业技能”**。对于员工人数超过 3 万人的 ANA 集团而言，关怀是必不可少的。

“关怀”使安全性切实得到提高

前面有“关怀对我们来说就是必要的‘确保安全’的支持”这样一句话，说过这句话的人就是在 ANA 任职 21 年的波音 767 机长——飞行员猿棒正芳。

为了打造出一种彼此之间能够畅所欲言的的人际关系，猿棒始终在对副机长进行着关怀。

“人无完人，我也一样。身为机长的我如果不对副机长说‘任何你注意到的情况都要告诉我’，副机长就会过于自信地认为‘机长的判断一定都是正确的’。与其这样，还不如让他对我的判断提出质疑更能切实地提高安全性。”

传播内心所想的人际关系

“为了打造出可以使想要传达的内容传播开来的人际关系就必须使用关怀”——这是隶属于维修部并曾担任过 ANA 集团子公司社长、参与 ANA 商务咨询中有关人为错误对策的讲师山内敏幸所言。

不仅是飞行员与 CA，山内所属的维修部也会让数名维修工人联合工作。

“维修的目的是使飞机安全飞行，为此就必须要打造一个能够让同事们将内心所想表达出来的人际关系。如果你不能够在考虑对方的情况下传达信息，那么对方也不会干脆利落地将这一信息扩散开来。所以我们要积极打造能够让彼此之间相互探讨的人际关系。关怀的最大作用就在于此。”

能够切实地推动团队共同取得工作进展的基础是人际关系，而人际关系则由关怀构筑而成。这就是 ANA 人的想法。

体现用“心”行动

“一切沟通交流的基础都是关怀”——隶属于乘客中心20 多年、曾在品质部担任领导并作为乘务长开展空乘工作的ANA 商务咨询人才、研修事业部副部长、接待礼仪讲师林靖子。

“为了向对方展现礼貌与体谅所必需的就是关怀。在ANA，大家都在不知不觉间进行着关怀，使企业拥有了‘关怀文化’。”

我们希望能为顾客做些什么，希望能够让其他 CA 容易工作……**正是这些日常生活中的关怀构成了沟通交流。**

人与人之间在交流时会处在相同的时间与空间中。有了关怀，才能让人在这一时间与空间中过得愉快。

Action
02

不关怀同伴的人也不会关怀顾客

POINT

越是对内越不能忘记关怀，越是亲近越不能怠慢，它关系到顾客的满意度。

搭建构成“五星”的基础——公司的内部关怀

看到“ANA 的关怀”这句话时，很多人都认为这是指“对顾客”的关怀。在我们进行研修时也经常会有人问“ANA 为了 CS（顾客满意）会做些什么？”这时，我们会告诉对方：

“放眼公司外部之前，首先请关注公司内部。”

当然，真正的顾客就是乘坐 ANA 航空的客人——无论身处哪种职场的员工都会这样理解并开展业务，但在此基础上，将关怀渗透进公司内部则是其他公司所没有的，是 ANA 的特征。

为什么要对公司内部的同事、成员进行关怀？这个理由非常简单。因为关怀公司内部同事是对顾客展开关怀的“基础”。

在服务业，一些直接面对顾客的员工却经常忘记“关怀自家人”。他们总是小心翼翼地接待顾客，努力提高着待客技巧，但他们却没有将这一思想用于公司同事。

假如在客舱中笑眯眯地面对顾客的 CA 刚一回到后面的厨房就开始对公司里的新人大呼小叫、颐指气使会怎么样呢？——顾客对你的信赖感会瞬间消失。无论是对顾客，还是对一起工作的同事，态度都要始终如一。ANA 的员工十分注意这一点。

前期工作不白费，后期工作更容易

在 ANA，有飞行员、CA、机务维修人员等诸多工种，如果没有人来完成前期工作，那么自己的工作也不可能完成。而如果没有人来完成后期工作，那么整个工作都会无法完成，自己所做的工作也会变得毫无价值。

无论前期工作还是后期工作，都需要自己去完成。ANA 的员工们都十分清楚这一点。

因此，无论是对前期工作者还是后期工作者，员工们都会带着一颗关怀之心去对待他们。

机务维修部的山内隶属于常年对两次飞行期间的机体进行维修的“线路维修”部门。

在他看来，**即便是知心的维修部伙伴，也要在其进行前期工作与后期工作时把他们看作是“顾客”并展开工作。**

“我一个人无法做好飞机起飞前的所有准备工作。我们的目的是让飞机安全起飞，为此需要有人像检车一样在库中对飞机进行定期跟踪维修，还需要有人对每架飞机的引擎进行维修。因为有了从事这些前期工作的‘顾客’，我们才能进行接下来的飞行维修。”

如果因为自己的失误而导致飞机无法飞行，那就需要对此前进行准备工作的人员表示歉意。

是前期工作人员通过定期的跟踪维修以及对引擎、装备品的维修等才使后期的线路维修工作得以进行，应该把这些人看作是自己的“顾客”。

隶属于机务维修部 30 多年、曾担任过 ANA 集团子公司社长、参与 ANA 商务咨询中人为错误对策的讲师富田典明在现场维修部门工作多年，有着技术支持部门的丰富工作经验。他这样说：

“我从 1985 年开始任职于技术部门。那时，我的上司对我说‘技术部门的工作就是让现场维修人员的工作更加容易’。

技术部门不会直接与顾客接触，但我们要在工作中时常思考如何使‘内部顾客’，也就是进行后期工作的现场维修人员满意。”

将立场不同的员工也看作是“顾客”就不会成为敌人

往往在企业中，面对不同立场或不同部门的人，你可能会产生“说了对方也不懂”或者“营业部与企划部就是敌人”等意识。

于是就很容易出现“就是因为前期工作人员没做好，所以我的工作才不能顺利进行”，或者“我都很努力了，可是后期工作人员却没有好好继续工作”等不满。这样各部门之间的敌对意识就会越来越强。

但是，假如前期工作人员或后期工作人员都将对方看作是“顾客”，那么员工就会产生“虽然立场与工作内容不同，但一定要尊重对方”的心情。

Action
03

关怀就是想象“5秒后的未来”

POINT

事前进行想象也是关怀的要点。特别是当你提前预计过最坏的情况后，那么无论发生什么情况都能从容应对。

只要想象 5 秒钟之后就可以

在“前言”中，我们已经叙述过关怀就是想象“对方”以及想象“接下来的事情”的习惯。想象接下来的事情，但没必要想象一年以后或者三年之后的事情。

作为 CA 的林说要“时常想象 5 秒钟后的未来”。

例如，假如有客人的饮料就快要喝完了，那么可以想象下这时她会再要一杯饮料，还是需要扔掉纸杯。如果机舱里有孩子要哭，那就要给她拿些玩具。只要看到 5 秒钟之后会发生的情况，你就能做很多事情。

维修人员富田想起了体现出“事先早一步想象的习惯”的上司：

“我的上司 A 经常会在思考过后再行动。无论在公司内外的会议上被问到了怎样的问题，他都能回答的出来。在我还是新人时，我很好奇他是怎么做到这一点的。”

但当你看到他的工作状态时，你才会知道那些都是在致密而周到的基础上才得以实现的。

“他也经常会给我们这些下属诸如‘下次可能会出现这些问题，你们一定要认真研究’等建议。”

“工作延迟时，要在 ×× 点时通知”

维修部门的山内在对下属做指示时，会让他们提前想象“不顺利的未来”。

例如，在进行机体的零件更换时，由于此后的航班时刻已确定，因此维修人员“必须在规定时间内完成工作”，压力极大。任何人在这种情况下都会变得焦急。正因为如此，才要事先假设出现不良状况，并在工作开始前向大家说明“如果出现延误，要在 ×× 点时发出通知”。事先想象并与属下共享这一“不顺利的未来”，就能在这种事态真的出现时做到从容应对。

即使在独自工作时也要事先想象：

●工作按计划进行的情况；

●工作没有按计划进行时的情况。

另外，事先想象到“工作出现问题的原因”就能够化被动为主动，推动主体工作的进展。

Action
04

不被人察觉的关怀才是“真金”

POINT

即便对方没有发觉，关怀的价值依然不变。将关怀四处宣扬的行为反而会降低其价值。

“四处张扬”会使关怀的价值下降

“被对方发觉的关怀是白银。”

“不被对方发觉的关怀是真金。”

隶属乘客中心 20 多年、担任航班经理与乘务长工作的 ANA 商务咨询人才、研修事业部主席部员、接待礼仪讲师加藤绘里子将他们所说的“关怀”这样表现了出来。

人们往往在为他人着想时会不经意间期待着别人能够“看到”。

例如，当有人发现办公室里有很多碎纸机残留的纸屑而打扫它们时，周围的人可能会对他说“谢谢你把它们打扫干净”，或者没人这样说。这两种情况都正常。

担任 CA 的林也曾说过“我们不会经常对顾客说我为你做了什么，也不会经常对同一机组的同事这样说。那也就不会知道他们是否注意到了我们的关怀。”

虽然没有人看到，但只要有碎纸片就要打扫。无论是否有人注意到都会在不知不觉间进行的关怀才是“真金”。

“善有善报”

飞行员也在默默地关怀着他人。

“当出现‘如果飞机今天在以往的高度飞行就可能会颠簸’的情况时，尽管会多消耗一些燃料和时间，ANA 的飞行员还是会在计划阶段就选择在颠簸较小的高度飞行。每个飞行员都会做出最好的选择。”——机长猿棒说。

这时，飞行员不会特意打开机内广播告诉乘客“由于今天在以往高度飞行可能会出现颠簸，因此我们会选择其他高度飞行，避免颠簸”。也就是说，**无论是在有可能颠簸时，还是在经过努力“没有出现颠簸”后都不用广播。**

假如你让对方察觉到你的关怀，那么在她向你说了“谢谢”时，你会感到很开心。但假如你并没有让对方察觉到你的关怀，而是让其安安稳稳地度过这段时光，那么你的关怀则又有了新的价值。带着不求回报的心去关怀他人，那么就能够创造出一个适合人们生活的环境。

成语说“善有善报”。意思是说为陌生人做好事的人一定也会有好报。

例如，即便在当时并没有人察觉到你的关怀，将这种**无人察觉的关怀不断积累起来，那么它一定会对你的未来，以及你身边的伙伴的未来产生积极影响。这才是关怀的本质。**

Action
05

老员工要关怀新员工

POINT

通常人们都会觉得关怀是下级对上级做的事情。但上级与老员工对新人的关怀则起到了调动其积极性的作用。

关怀下属不是“时代使然”而是“因为重要”

“关怀”在过去通常被看作是下级对上级做的事情。清晨，在单位，下属会在部长到来前擦桌子，女性员工则会为部长沏好茶，新人则会为部长冲咖啡……尽管时代在变迁，但很多职场中依然残留着上下级关系。

但是，在 ANA 关怀的主题绝不只有下属和新员工。给下属做出指示的上司、为新员工提出建议的老员工等等，即便是对于做出指示的人来说，关怀同样很重要。

本书中出现的 ANA 机长、CA 以及机务维修人员等都从各自不同的角度反映出了关怀下属员工的重要性。

“我们是为了有朝一日让这一航班获得成功而聚集到一起的团队。要想最大限度地发挥团队中每个人的生产力，机长必须要创造出一个便于交谈的氛围。哪怕是发现了一点儿小小的异样也会进行汇报，这样就能提高飞行的安全性。制造一个能够让属下说出‘打扰了，我发现了一点儿问题’的氛围是机长的责任。”（机长猿棒）

“统帅 CA 的乘务长需要努力提高 CA 的积极性。如果 CA 无精打采，那么乘务长就必须要在航班出发前让这位 CA 的情绪得以提升。要站在 CA 的立场上去询问她‘发生什么事了？’”（CA 加藤）

“在对下级做出指示时，必须要明确地传达目的与方针。要明确地告诉他们为什么要这么做，必须在何时做完。如果没有给出明确的指示，接受指令的下属就会感到为难。上司要自觉地传达指示，并且一定要关怀下属。”（维修工富田）

由飞行员提出的“主张”

在 ANA 有一项“主张”活动。例如，飞行员之间为了安全，不仅是利用“机长→副机长”的形式，还会利用“副机长→机长”的形式进行详细的信息传递，同时上司也会通过这一活动对下属进行关怀，打造一个便于说话的氛围。这一活动起先是在飞行员之间开展，现今已经扩散至 CA、机务维修人员等整个团队成员。

通常，在任由组织发展时，人们大多都会采用“由上到下”的管理形式，并且往往认为这样比较合适。实际上，下属也认为上司吩咐自己“做这个”要比自己思考后再去行动轻松、容易得多。假如只去做上司交代的工作，自然也就不需要负任何责任。

但是，对于 ANA 来说，在考虑到“安全”这一至高命题时，这则是一种极其危险的状态。如果上级无法获得来自实地（下属）的情报，就极有可能会出现误判。

上司也没必要“顾虑”

主张一词最近大多出现在外资企业等实施研修的公司中，且有普遍化的趋势。然而，他们在误解了“无论何种立场都能畅所欲言”后对其进行的断章取义却不过是在把下属乃至上司的任性正当化——这是常会出现的情况。它和 ANA 所思考的关怀文化截然不同。

主张的原意是“健全的自我主张”。既可以“由下至上”，也可以“由上至下”，重要的是双方能够毫无顾虑地传达彼此的意见。

Chapter 2

一切关怀都源于“守时”

Action
06

关怀就是“准备”

POINT

关怀是预见未来并采取应对的能力，为此而进行的精心准备一定会指引你通往真正的成功。

工作就是“准备阶段”与“正式进行”的反复出现

本章中会传授给你能够在工作中发挥最大能力的“ANA流时间管理法”。

ANA 集团的成员们在“安全”之后最为看重的一点就是“准时运营”。坚决不做紧急时刻不守时的航运公司。

对“人”也是如此。能够拜托他去完成重要工作的人一定要守时。

任何工作上守时、守约的行为都会成为所有人际关系以及信赖的“基石”。因此最为重要的就是“准备”。

大家在工作中也会有“准备阶段”和“准备好后正式进行发挥”的阶段。

● 制作会议资料，提前预想发言方式（准备阶段）

↓

参加企划会（正式）

● 在经营活动中提前掌握商品说明资料（准备阶段）

↓

与顾客见面并对产品进行说明（正式）

● 制定活动的详细流程并预演（准备阶段）

↓

活动进行（正式）

虽然工作的大小不同，但我们每天的工作几乎都是在反复进行着“准备”与“准备后的实践”。

建议提供适合佐餐的葡萄酒

ANA 的 CA 也非常珍惜“准备”时间。

例如，某位 CA 正在去往西雅图的航班上工作。

这时她不仅要清楚航班为顾客提供的舱内食品的食材，同时也要事先掌握可与这些食材搭配的佐餐葡萄酒的相关知识。这样她才能够十分自信地向顾客介绍并推荐食品与酒类。而且这也许会成为她与顾客开始聊天的一个契机。

另外，食材以及葡萄酒的知识并非“掌握这些就足够了”。为了能够让顾客在用餐中获得享受，她需要在平时留意并积累知识。

不做 100% 的准备，要做 120% 的准备

机务维修部的员工间也经常会说“八分准备”。“准备”是在工作正式进行前事先对工作顺序进行的整理。工作正式进行时能够成功就取决于“八分（八成）准备”。

维修部的山内这样说：

“维修部要在下趟航班出发前对有需要的飞机进行维修，因此要事先获得信息、准备好零件与工具以及操作手册，还要提前与共同作业人员沟通意见。而且还要考虑到出现预想之外的情况并事先做好准备。例如，可能出现实际情况与所获信息稍有出入，或者在预计作业中追加额外作业，以及规定作业时间出现延迟等情况。”

假如你预计的零件、工具能够100%得到利用，那么你就要事先做好120%的准备。

120%的准备

在飞机下次飞行前进行维修……

- 事先获得
- 准备零件、工具
- 准备操作手册
- 与共同作业人员沟通意见等

信息像平时一样准备

↓

100%的准备

+

- 与所获信息有出入
- 出现额外作业
- 规定作业时间出现延迟等

设想计划中可能出现的不利情况并做好准备

↓

120%的准备

做好120%的准备，你就能应对各种情况与问题

Action
07

记住第二天的对话“脚本”

POINT

一下子正式开始工作有可能会不顺利，可以在工作正式开始前进行预演。用“脚本”记台词在办公时也很有效。

完成模拟飞行

那么，实际上在有限的时间内最好做怎样的准备呢？ANA 社员通过实践得出的具体方法之一就是“从头到尾模拟一遍自己在飞机起飞中的所有行为”。

这种模拟并不是“事先假定个场景”，而是彻底地**“将自己看到的情景以及自己所说的话语等记录下来背诵”**。

从猿棒还没有升职为机长前的副机长时代开始，他就会在起飞的前一天进行“模拟飞行”。

“刚成为副机长时，我还不怎么适应飞行。那时我会在起飞的前一天花上 4~5 个小时做一次模拟飞行。我会看着天气预报图思考‘选择什么高度，或者飞行到什么高度？高度的上限是什么？下限是什么？’等等。然后在观察着陆机场的跑道时，我会一边查看机场周边的地图，一边反复思考‘这里有山，铁塔也在这个位置。这样就要在着陆前 3 分钟保持这一高度’。

“然后，我还会进行诸如‘这里只有一条跑道。假如天气不好的话，那就只能依靠电子仪表着陆。但如果天气好，为了缩短时间可以进行目测降落。目测降落时应该在哪一点，哪一高度上进行呢？高度不够会不会有问题？超过这一高度可不可以？’等的模拟选择。”

ANA 的飞行员们会将座舱中的仪表绘制成纸质模拟器，通称“纸模器”，并将其粘贴在房间的墙上，以此来模拟飞行。

写下记录着飞机起飞时所说的每一句话的“脚本”

“或许我是飞行员中的极端分子”——猿棒开口道，“当我希望能够晋升为机长时，我开始把用于出发前确认的笔记制作成‘脚本’并背诵‘台词’，以便第二天的飞机起飞”。

在这个用笔记做成的脚本上有如下内容：

出发前确认

我是“U6-88”航线的猿棒正芳。在职一个月。请多关照。现在进行出发前的确认。（用手去指贴在墙上的天气图）本日天气概况是，秋雨锋面在九州岛北部滞留，我认为此后这一锋面会北上。伴随锋面发生的湍流可能会使飞机出现颠簸。（转移至电脑屏幕前，确认屏幕上的标题页）今日航班由同机型的三趟航班组成……

在这样的脚本上**要具体而详细地写出自己要说的话与自己的行为，并将它们读出来。这样，在第二天“飞机起飞”时就可以按部就班地实施了。**

这是在任何工作中都能应用的方法。

例如，无论你与人打招呼，还是担任活动主持人，或者是参加小型会议，你都必须在规定时间内向他人传达一些东西。这时可以事先将这些内容写成文章，制作成让你在说话时条理清晰的“脚本”。利用“脚本”而不是列出条款或写成备忘录的形式能够防止出现错误或漏洞。

进行想象练习或制作“脚本”乍看上去可能会感觉准备起来很麻烦。但实际上，**“越是新人、业务还不熟练的人，以及因为工作不能顺利进行而感到苦恼的人，它就越有效”**——猿棒说。

无论是怎样的小事想要当机立断都会耗费时间。如果将你用于思考的30秒或1分钟时间累积起来，你就会在航班飞行时损耗时间。

航班起飞不会一个人独自完成。在你与人一起工作时，这种损耗时间所带来的影响就会扩大。事先将自己要说的话或者行动具体地想象一遍就能够预防损耗时间。

假想一天的安排

7:30	起床
↓	
8:15	走出家门
↓	
8:30	乘电车
↓	
9:00	到达公司附近车站
↓	
9:05	在咖啡馆买咖啡
↓	
9:10	到达公司
↓	
9:15	查收邮件
↓	
9:30	……

假想起床之后的行程并写下来，这样你的工作安排就能十分顺利

Action
08

行家总是在倒推后再做决定

POINT

一下子正式开始工作有可能会不顺利，可以在工作正式开始前进行预演。用“脚本”记台词在办公时也很有效。

航班出发前要控制饮酒

如果是有截止日期的工作，那么大多数人都是带着“大约用这么久进行 XX 数据调查，然后再用这么久完成 XX 资料就来得及”的感觉来工作的。

“ANA 的 CA 们将这一‘倒推’用于毕生事业。”——担任 CA 的加藤说。

例如，我们以在工作日的早上 9 点担任由羽田机场出发的国内航线乘务工作的 CA 为例，从中窥见“倒推”（参考 P42 图）。每次都对安排中的小细节进行倒推，这样就能够确定“现在应该做什么”。

“CA 在航班出发前的一定时间内要控制饮酒。由于他们已经养成了倒推的习惯，因此即便是在飞机停留地用餐，**他们也会感到‘差不多到禁酒的时间了’，这样让他们自动自发地成为计时员。**”——担任 CA 的林说。

CA 中已经形成了这样一种倒推的习惯。

私生活中的各项安排也可以通过倒推来确定。

CA 的空乘安排有时也会有突然变动，但都会在前一个月末时公示出来。航班出发前一天一定要避免玩得太累或喝醉酒。

以“出现 NG”为前提进行倒推

在航班出发时可能会发生因天气恶劣等导致航班变更的情况，这时就会出现突发性计划变更。

“在进行倒推时，要把突发性安排计算在内，这样无论发生任何事情都能在规定的日期内做好准备，构成一份令人放心的计划安排”——担任 CA 的林说。

机务维修部作业时，如果要在航班运营期间对机体进行维修，那么就要预测维修所需时间，并由起飞时间开始进行倒推。

如果倒推后发现不能在起飞前完成作业，并且航班有可能出现延迟时，那么就可以事先进行调整，尽量避免给顾客带来麻烦。

倒推起飞前的安排（以CA为例）

出发时间（9:00）	载客出发
起飞20分钟前（8:40）	登机（引导乘客进入机舱）
起飞25分钟前（8:35）	起飞前的简报（飞行员与CA汇聚一堂，就航班相关的情报、紧急处理方法等进行确认与共享）
起飞前40分钟（8:20）	客舱确认、机内准备（对乘客所搭乘的客舱内部进行确认并完成准备工作）
起飞前1小时（8:00）	离开乘客中心（羽田机场的乘客中心就是乘客部的办公室。从这里上机，根据航班情况大约需要10~15分钟）与CA的同事们一起做简报（碰面）
起飞前3小时（6:00）	从家里出发，整装（把到达机场乘客中心的地铁时间与整理装束所需时间放在一起倒推出6:00从家里出发）
起飞前4小时（5:00）	起床（6点出门，提前1小时起床）
起飞前一天	·就寝（确保7小时睡眠，因此要在前一天的22:00前就寝） ·第二天起飞前的学习（确认空乘线路上所提供的服务以及安保相关知识） ·禁止饮酒

⇩

私生活也要利用倒推事先安排好

无论是飞行员、机务维修部门员工亦或是其他部门，大家都认同这一定时营运的时间管理思想。

ANA 商务咨询经营企划室的八岛聪也在倒推的重要性方面多次得到过上司的指点。

例如，当你需要一份得到上司认可的书面申请时，大多数人都会以上司会同意为前提制定出时间上并无富裕的计划安排。因此，当上司不同意时，你才会慌张地说“今天必须要得到认可并发货！”

这时必须要以未能顺利获得书面申请为前提进行计划安排。**“今天提出书面申请，明天就能获得认可”的这种带有期望的猜测是不正确的。**

经过上司指点的八岛继续说：

“如果希望书面申请或企划能够顺利通过，那就必须以受到上司质疑或批评为前提进行准备。需要一边考虑他所反对的内容，一边假想答案，还要把修改时间也列入安排中，这样才能让工作如期进行。上司经常会对我们说‘为我的提问准备 3 个回答’。既然要做 3 个回答，那自然是要准备 10 个回答，多角度思考问题才能让工作顺利进行。”

“在未来的几点钟会有重要的事情。所以要在几分钟前、几个小时前或者几天前就做好准备”—— 在 ANA，员工们都以此作为时常思考并行动的目标，并努力使这一安排得以共享。

为使乘客感觉运营安排“没问题（实际上会有问题）”，那就必须要实施定时营运。为此，ANA 的员工总是在利用倒推，避免营运出现延误。

Action
09

工作要从晚上下班时开始倒推

POINT

具体定好前一天或者离开公司前的一整天的安排。这就是在规定的时间内完成业务的诀窍。

通过"固定下班时间"倒推日程安排

直到"航班起飞"前所进行的倒推也可以用在其他各种工作中，它会提高你的时间管理意识。

担任 CA 的林也负责文职工作，**这时他会注意"公司规定的下班时间"，并通过倒推在规定时间内完成工作**。把规定下班时间看作是航班起飞时间，并以此制定计划。

"公司早上 9 点上班，晚上 6 点下班。我会规划好时间，尽量在 6 点前完成当天的所有工作。而且，我并不是只有早上来到公司时才开始工作，而是在前一天或者前一天下班前做好后一天的工作计划。虽然这需要花些功夫，但它能让我产生强烈的时间意识。"

早上 9 点上班前做好工作计划。以下班时间为基准，定好几点前完成主要工作，然后再计划达成这一目标要在几点前完成其他工作，之后再按照这一计划去行动。

当然，有时可能会出现突发性工作，或者本来就很忙，没法按照倒推出来的安排顺利进行工作的时候。**"倒推"是习惯，养成这一习惯后，即便没有定好具体时间也能顺利工作。**

在担任空乘工作的日子里，可以将当天最后服务的航班着陆（飞机完全停止）30 分钟后设定为固定下班时间，这样统领 CA 的乘务长就可以说“30 分钟后的 18 点 32 分就下班”，这样就能与大家共享“下班时间”。

不要在加班时间让他人或自己工作

作为管理人员，林也会在规定的下班时间前完成工作，同时会在这一方面对下属进行关怀。

“如果过了下班时间，**有人有工作要拜托我的下属，只要不是紧急工作，我都会拒绝他的请求并告诉他‘现在已经下班了，明天再做’**。如果我的属下有工作拜托其他人时，我也不会同意。因为自己的时间和他人的时间都非常宝贵。”

只要离开了办公室，就要尽量避免在这一时间段里洽谈新工作或委托工作。努力做到按时下班并尊重个人时间。

“我认为这也是与时间管理相关的关怀之一。因为下属想要拒绝工作很困难，所以必须要由上司或是经理率先采取行动。”

Action 10

不要“此前一会儿”，而是“此前20分钟”

POINT

想要告诉对方自己的计划以及将来的状况时需要通过数值来进行具体传达。表示程度时也要尽量避免使用“稍微”“一会儿”等抽象的说法。

“让对方行动方便”也是时间管理

时间管理并非只应用于自身，它也能让与自己接触的人行动方便，这也是时间管理的目的。

当自己采取的行动给对方的安排造成影响时，这时就要注意关怀对方。

例如，读者就是飞机上的乘客。这时机舱内的广播通知大家一会儿会出现颠簸。哪种通知更让人放心呢？

1. “一会儿飞机可能会出现颠簸现象。这种颠簸会持续一会儿，因此有需要的乘客请现在使用洗手间。”

2. “大约 10 分钟后飞机可能会出现颠簸现象。这种颠簸可能会持续 20 分钟左右。因此有需要的乘客请现在使用洗手间。”

第二个人的广播更加清晰明了。广播中没有使用“再过一会儿”“不久”等词语，而是使用了**“大约 10 分钟后”“颠簸**

会持续 20 分钟左右”等具体的时间性词语。

公开信息会减轻不安感

通常在出现异常情况时，如果人们“不知道”这种情况会持续多久，那么就会产生不安感。通常情况下，**如果人们事先已经知道会出现异常情况，并知道它持续的时间，那么不安感就会减弱。**另外，**由于能够判断出即将会发生什么，所以我们也能有效地利用时间。**

机长猿棒说“需要传达的信息要尽量具体。这是飞行员的关怀”。

好消息与坏消息都要开诚布公，这样才能构筑信赖。

Action 11

迟到时更要具体表明“延误时间”

POINT

要迟到时不要向对方“瞒报”时间。在迟到时，要事先告知对方会延误多久，以便对方处理其他事情。

模棱两可会给对方造成麻烦

尽量预计好具体时间再通知乘客，这种关怀并非只适用于机上播音。

例如，来不及交货时，或者约会一定会迟到时：

“货物会在 x 日 x 点前送达”，或者“我会在 x 分钟之后去”。越是在迟到时越要尽量告知对方具体时间，这很重要。

假如含糊地说“我一会儿就到”或者“我能迟到一会儿吗？”，这样会让对方感到不知所措。

这种“传达安排时要具体”的关怀有一个需要注意的地方，那就是不能“瞒报”。

个人在处理私事迟到时，机长猿棒也会利用这种关怀。

“比如，我和对方约好了 10 点见面，但是因为电车晚点，我可能 10 点 30 分到达。这时，虽然我知道‘10 点半应该能见面’，但我也会告诉对方‘很抱歉，我们定在 11 点见面吧’，告诉对方这种预留出充裕的时间的安排会更好。”

赶不上约会时间时，人们都会想“让对方感觉我能尽快到达”。因此人们会在不知不觉间告诉对方一个自己也不知道能否来得及的微妙的延误时间。

但是，假如你已经告诉对方“10 点半能见面”，可结果却是在 10 点 45 分时才到，那么对方就会觉得“你又迟到了”，从而对你印象不佳。

假如事先告诉对方“改在 11 点见面”，那么当你 10 点 45 分到达时，对方反而会觉得**“你来得真早啊”，尽管你迟到了，但却能给对方留下好印象。**

“不会迟到也要联系”才更专业

机务维修部的山内作为研修讲师在到达出差的会场时一定会报告“准时到达了”。

“别人会担心你‘是不是平安抵达了’，这是人之常情。只要给对方发条短信就能让对方感到安心”。

“没有”迟到或出现麻烦时也要特意告知对方。即便是 ANA 的老员工也会重视这一点，并将此作为基本准则。

约会要迟到时……

迟到时要告知对方具体的“延误时间”

Chapter 3

“认真对待顾客”是接待的及格线

Action 12

接待的及格线是“不让对方感到不快”

POINT

人的舒适感因人而异，但不快感则基本相同。不让对方感到不快是“接待”时的最低要求，也是出发点。

每个人的“不快”基本相同

ANA 的 CA 给人的感觉是好像都在接待时积极地实行着“plus α”服务。但在实际接待中，他们所重视的其实是去除“消极因素”，也就是**“不让顾客感到不快”**。

Chapter1 中已经说过“不被察觉的关怀才是‘真金’”。这句话是说不要四处宣扬“我在关怀你”，而是要“让对方在不知不觉中得到关怀”，这才是最高境界的关怀。不让对方感到不快也与此类似。

担任 CA 的加藤说**“人的舒适感因人而已，但是不快却基本相同”。**

“比如太吵、环境脏乱差、语言刺耳等。也就是说，各种各样的消极因素都会造成人们的不快。”

如果没有出现令人感到不快的因素，那么人就不会感觉不快。首先，我们要以保持此种状态为目标。ANA 认为这是接待时的最低要求。

为顾客盖上了毯子。但是……

另一方面，CA 中也一直在流传着这样一个失败的案例。

某个缺乏经验的 CA 看到了一位经验老道的 CA 为乘客盖上了毯子。

“真是太会关怀乘客了！我也要仿效！”

于是，她开始寻找机会为乘客盖毯子。她发现了一位穿着单薄、像是要闭上眼睛打瞌睡的乘客。

她用与那位 CA 老员工完全相同的方法与动作为乘客盖上了毯子。她的动作非常完美。

但是没过几秒钟，那位盖上毯子刚刚睡着的乘客就张开眼睛对年轻的 CA 道：

“喂！热死啦！”

对于这位乘客而言，盖毯子会热，令人十分不快。

在不会令人感到不快的同时提供舒适的服务其实非常困难。要仔细观察对方有怎样的感受，再深思熟虑怎样满足乘客的需求。

Action 13

以“衣食住行”是否有问题作为判断基准

POINT

对舒适的判断要以“衣食住行是否有问题”为依据。在衣食住行出现问题时，必须要讨论它的判断基准是什么。

有指导手册也要有明确方针

如果“不让人感到不快”是接待上的最低要求，那么“提供舒适”就是在此之后的“接待”目标。

ANA 有一本写着飞行员必须遵守的营运方针的“操作指导手册”，其中这样写道：

“机长与航运管理者要将航行安全放在首位，并在提高运营效率的同时努力保证航班正点。还要为舒适的飞行展开积极行动。”

在有关这一运营方针的基础——安全性与准时性上，要有一个“无论哪位飞行员担任飞行工作，都能取得一定水平的结果”为目标的具体的指南与指标。它要以无论是经验丰富的猿棒，还是刚刚成为机长的飞行员，在操纵飞机时都能保证一定水平上的安全性与准时性为目标。指导手册中要记载的就是这些具体方法。

但是，“舒适感”因人而异。要将“在这种情况下这样做能够为顾客提供舒适感”变成明文规定十分困难。

“至少要吃好饭”

猿棒说，虽然没有关于“舒适”的具体指导手册或指标，但却有保证“舒适”的基本思想。

“在我进行机长晋升训练时，老飞行员对我说的就是‘一定要考虑衣食住行’。”

在工作上，衣食住行可以说成是：

- 仪表（是否给人洁净、健康的感觉？）
- 用餐（肚子饿不饿？）
- 环境（冷不冷，热不热？）

这些都是人们生活中的基本要件。接待对象所处的环境在衣食住行上是否有问题，如果有问题，那么就该发现问题并为其提供舒适的环境。

猿棒说，他会在与 CA 接触时，利用“衣食住行是否有问题”来判断舒适性。

“在没有出现航班延误等情况下，如果我发现 CA 们饭都没吃就在做飞行准备，我就会告诉他们‘至少要吃好饭’。空腹会降低工作效率。联想到出现紧急状况时的情景，我才需要告诉他们这一点。”

室内温度问题也是如此。很多机场为了削减二氧化碳而决定“使用位于飞机后部的辅助动力装置空调要在起飞 15 分钟后再打开”。将此作为“衣食住行”的参考标准或许会让人感到奇怪，但作为机长，猿棒说一定要注意这一点。

“假如机舱内的温度超过 30℃还不打开空调，那么带着满身汗水的 CA 在做起飞准备时也没办法提高效率。所以我要说‘太热了就用空调吧’。”

Action
14

“想要水”的意义有100种

POINT

有时在对方提出的要求外隐含的是他的真正意图。通过观察或不时询问，实现乘客的真正意图也是“接待”的一种形式。

仔细想想“他为什么提出这个要求？”

假设有乘客对你提出“我想要这个”或者“我想这样做”等要求。

基本上在这些话语中都隐含着“在那之后”的要求。

例如，有位乘客说“我想要水”。但是，当你给他倒了水后未必就达到了他的目的。他有可能是因为口渴才需要水，也可能是因为要吃药，也或许是为了洗掉衣服上的食物污渍……你需要考虑所有的可能性。

但是，**九成顾客会说“把水拿来给我就行”，他们并不会说出自己的真正用意。**

乘客的真正目的是什么，探究到这一目的并满足这一要求十分困难，但假如这一要求得以实现，那么这将会是一次极为令人欣喜的“接待”。

通过“观察”窥见真实需求

担任 CA 的林说“窥见乘客真正需求的基本方法就是仔细观察”。

“脱掉了外套，衬衫领口上的扣子也解开了的乘客一定是感觉热了。”

“吃完饭后，乘客开始把手伸进包里找着什么。他可能是要吃药。”

“她从刚才开始就咳嗽了好几次。大概是嗓子不舒服。”

不要一直盯着乘客看个不停，这样会使对方感到不快。但是，**当从对方身边走过时可留心观察，从乘客的些微变化与行为中就能发现那个人的需求。**

而且，当这位乘客提出“我想要水”时。

“飞机里有些热吧？给您拿些凉水或是冷毛巾吧？”

“您是要吃药吗？”

“你嗓子不舒服吗？我给您拿润喉糖吧。”

通过这些观察到的现象就能在不经意间确定乘客“真正的需求”。而乘客会大吃一惊地说“啊，你怎么知道的！？”同时感到非常开心。

可以直接寻找“最终需求”

有时不能这样观察或者观察之后也无法进行推测。

这时也可以直接问问对方想要做什么。

“你想要什么水呢？”

在得知乘客的要求是“想要水”后，再询问下“要什么水”。

这时如果对方说“有点儿热”之类的回答，那就可以说“那我给您拿凉水”，拿水的同时也可以拿来凉毛巾；如果对方说“随便”，那么你就要觉察到“这位客人不想被询问”，这时就要马上回应“马上给您拿来”。

“想要水”背后的种种真正意图

通过观察乘客就能找到隐藏在他话语背后的“最终需求”

Action
15

“不要漏掉”顾客的需求

POINT

乘客不一定会自己要求“我想XX”。在接待乘客时，要在心里重视“有没有我能帮忙的地方”。

九成顾客不会自己开口说需求

“请把行李架上的东西取下来。”

“请给我拿瓶水。”

“机舱里有点儿热。”……

如果有人有以上这些想法，九成顾客不愿意直接说出来。

“乘务员看起来挺忙的，还是别叫她了吧”，乘客有时还会这样反过来关怀乘务员。

但是，假如你得到了乘客的关怀，那么对于以“招待”之心接待顾客的服务人员来说，这是一种羞耻。

担任 CA 的林说：

“我认为**当你被乘客‘体谅’时是‘很失败’的。当与乘客的目光接触后再去询问乘客的需求可能已经来不及了。**最为重要的是要在乘客体谅你前主动询问‘您有什么需要？’然后再慢慢地仔细观察。”

但是，顾客的需求五花八门，要想体察到它们并不容易。

至今为止的原则是，日本人等亚洲人有需求时“希望被人察觉”，而欧美人则是在有需求时会主动提出来。因此，他们中的大多数人都希望“别总和我讲话”，”他们的这一文化特点十分显著。

例如，在头等舱客人离座时，如果为其叠好毛毯，那么日本客人大多数都会向你表示感谢，而欧美客人则会觉得“用不着你多管闲事”。

因此，过去通常都是根据乘客的国民属性来采取适合的措施。然而，近年来很多欧美人有需求时也开始“希望被察觉”，反倒是日本人觉得“放那儿就行”的人逐年增多了。也就是说，现在需要了解每一位乘客的需求。

把握住 40~50 座机舱内的所有乘客

担任 CA 的林说“在自己担任空乘时，要努力把握住 40~50 座机舱内所有乘客的样貌与状态。”

要把握住这么多人，就要在想着“是不是有人有什么需要？”的同时去观察乘客。

例如，即便是乍看起来正在醉心于游戏的乘客，她的内心也可能正在想着“我渴了，想要喝水”。即便是面对这样的乘客也要一边想着“他是不是有什么需要？”一边四处张望。当 CA 从她身边走过时，有时乘客会突然抬头望向 CA。

这样一来，CA 就可以直接询问“您是不是有什么需要？”。林说“当你有意识地去发现时，你就会**自然而然地与有需要的人交汇目光**”。

办公室里也是如此。

只要随时注意“他是不是有什么麻烦”，那么你就能够轻易察觉到你的属下诸如“打电话时音调消沉”“衣着凌乱”等变化。

经常会有这样的属下，尽管自己有困难，但是他却并不把困难说出来。但如果上司经常注意下属，你就会发现他的些许变化或者注意到他发出的求救信号，从而给予他援助。

用坦率的态度对待乘客

即便你没有出声询问，也要经常用坦率的态度对待乘客，这十分重要。这样做才能让有需要的乘客主动提出要求。

想要成为这样的人，

- **走路方式**
- **视线**

这两点十分重要。

CA 加藤总是一边慢慢行走，一边 S 型环视舱内乘客。她不仅会注意乘客的桌面，更加不会错过他们的表情以及眼神。这样她就能在与乘客目光交汇时及时询问对方是否需要帮助或有何需求。

这种方法也能应用在公司的办公室里。如果你是团队领导，不管有事没事，你都可以在你团队成员的办公桌边来回漫步。当有成员特意过来向你汇报时，你与他的讲话机会就增加了。

Action 16

“打招呼+几句话”是初次见面时最强有力的武器

POINT

打招呼是“接待”中基础的基础，是最强有力的交流工具。如果能在打招呼时“再加入几句话”，那么你的“接待”就能更进一步。

与他人打招呼并不失礼

在“接待”乘客时，最初的接触就是“打招呼”。

“早上好”

“欢迎光临”

“欢迎您的到来”

打招呼是关怀中最为基础的一部分。可以说，人与人之间的良好关系就是从打招呼开始的。

基本上，打招呼是“接待”时的强力交流工具。因为无论你面对什么人，你都可以与对方打招呼。即便是与领导见面，打招呼也绝不失礼。

而且，打招呼还能够创造出与对方进一步聊天的机会。要在互动中“招待”对方，就要从打招呼开始。

以“物”为契机“再说几句”

不过，可能有些人也有过这样的经历。那就是假如你向对方说完“早上好”后再没了“下文”，那样就会变得有些尴尬，反而不利于你和对方顺利接触。

因此，打招呼过后“再说几句”非常重要。

ANA 的 CA 在接待乘客时会在打招呼之后尽量再说几句，他们会尝试着说些能够与对方亲近起来的话语。

担任 CA 的林说“与对方进行眼神交流，或者再与他们说上几句都能拉近双方的距离。能否做到这一点会让你此后的交流大为不同。另外，‘这领带真漂亮啊’等以对方的物品为话题进行的会话通常都会十分顺利。”

只要你觉得对方的所有物，或者他所掌握的东西挺不错，你就能再说上一句“真漂亮”。然后，对方就会回应说“啊，谢谢”或者“今天想给自己打下气”之类的。这样就能创造出让谈话继续进行下去的机会。

在生意场上，运用“打招呼＋说几句”同样有效。

例如，在两人交换名片时，可以借助名片这一物品说几句“名片真漂亮啊”或者“好特别的名片啊”之类的话，这样就能使交谈更加深入，还能让沟通更为顺利。

Action 17

利用“天兴新土熟家健”的闲聊测量与对方的距离

POINT

与对方聊天时加入“天气”“兴趣”“新闻·娱乐”“风土”等深浅适宜的话题能让双方聊得热火朝天。从中发现对方的兴趣后即可沿着这一路线进行深入聊天。

和还不太熟悉的人聊聊深浅适宜的话题

在 Action16 中我们提到过，有些东西可以成为让聊天进一步深入的工具。

担任 CA 的加藤说“在与还不太熟悉的对象聊天时，可以选择‘天兴新土熟家健’等深浅适宜的话题”。

天：天气

“今天真热啊！”“天气好起来了！”

兴：兴趣

“您对葡萄酒真是了解啊！”“您经常带着相机吗？”

新：新闻·娱乐

“今天早上的新闻真吓人啊！”“现在，XX 人的名气真是太大了！”

土：风土

“我们要到达的 XX 地现在正是吃螃蟹的时候呢。”“那里现在正是节庆期间。”

熟：熟人

“听说 XX 最近要结婚啦！”“听说 XX 要跳槽啦！”

家：家庭

“您家孩子今年多大了？”“您回哪里探亲啊？”

健：健康

“您真是年轻啊！”“您的体型太好了！”

不要一不小心自说自话

在和乘客聊天时要注意：

- **聊与对方相关的“积极”话题**
- **聊与自己、对方“无关”的话题**

两者都可以作为聊天的话题。至少，**与刚见面不久的乘客聊天时不适合聊“我发生过的事情”。**这有可能会让对方觉得“这个人更加看重自己”，从而引起对方的不快。

从闲聊中发现对方的兴趣后就可沿着这一路线进行深入聊天，这样就能进一步缩短与乘客之间的距离。

Action 18

其他工作经验可以拓展关怀范围

POINT

积累一些与本职工作不同的现场工作经验，才能在各种各样的场合下做到关怀他人。关怀的“幅度”是由经验多少决定的。

飞行员也要满怀“待客”之心

说到“接待”“招待”，给人的印象往往是与顾客直接接触的 CA，或是在机场担任地勤工作的员工所做的事。

其实并不只是他们。在 ANA，飞行员、维修工等与乘客完全没有接触的员工也必须要拥有待客之心。

机长猿棒这样说“飞行员的接待”：

“在起飞前，我要在驾驶舱里对测量仪表进行确认。有时我会透过机舱小窗口与正在登机、准备去修学旅行的学生目光相对。这时我会不知不觉地向他招招手，由于飞机要搭乘 50 人甚至 100 人，所以我没办法关注到每一个人，于是就对每一个走过的人都挥手（笑）。这样也能让大家感受到‘我们正在驾驶飞机’，从而使他们感觉放心。”

很多人觉得既然你的本职工作就是飞行员，那么你根本没必要向走过的学生们打招呼，只要专心确认仪表就可以。

无论是 CA，还是通过驾驶舱上的小窗口挥手的飞行员，他们对于利用 ANA 的乘客的“接待”之心都不曾改变。飞行员也不要忘记在确保万无一失的情况下，还要拥有接待乘客时的关怀之心。

“工作不是一个人在做”

不仅要专心保证安全与准时，还要拥有一颗对乘客的“接待”之心。这种对于职务的思考可能与 ANA 的飞行员在担任飞行工作前所任职的工作经历有关。

ANA 自我培养的**飞行员入职后要作为“飞行员训练生”在羽田机场等地担任 1~3 年的地勤工作**。

他们的主要工作就是在机场的问询台或入口处接待乘客。他们中也有隶属于维修部的员工。这是为了让专门操控飞机的飞行员真实地感受到乘客的存在的一种制度。猿棒自己也曾在入职后做了 3 年的地勤工作。

“当我在机场的接待经验尚浅时，我总是做不好这件事。有时我会忘了给乘客开发票，然后就着急地把发票交给航班降落地的机场工作人员，这才总算把它顺利地交给了乘客。

通过担任地勤，我真实地感受到了乘客是在花钱使用

ANA，而且也了解到绝非是我一个人在工作，而是整个团队在工作。”

在航班降落地被人叫住的乘客会有什么想法？航班降落地的机场工作人员必须要向那位乘客要来发票地址，然后再以那位乘客所希望的形式把发票邮寄给他。机场人员的本职工作已经很忙了，他又是以怎样的心情去接待乘客的呢？

飞行员训练生要在任职飞行工作前积累与飞行无关的地勤工作经验。

机务维修部员工会在入职后被分配到“基层”。没人会直接被分配到管理部门。“基层的工作经验会在之后管理部门发生变动、制作‘工作指示书’时发挥作用”——维修部员工富田说。

“因为自己曾经按照工作指示书进行过维修工作，因此就能更加细致地想到怎样写工作指示书会更加容易理解。当然，公司里有写法说明，但假如你能注意 5W1H，就能十分自信地利用篇幅不长的条目、列表或图形等制作出一份面面俱到的指示书。”

经验多寡关系到关怀的“范围”

“这种情况下我能为对方做什么？”

“这样的人我要为他做什么？”

“这时我能做什么？”

要在各种情况下进行相应的关怀。能够拓展这种关怀“范围”的就是自身在担任各种工作、接触不同的人时所积累下来的经验。

“我记得那时有过与此类似的情况”——这样的记忆会在相似的情况出现时复苏。你能从记忆中找到适合这一情况的关怀方式。

Chapter 4

初次见面就“投缘”的诀窍

Action 19

明白“自己的语言与对方的语言不同”

POINT

自己在工作时的语言或想法并不一定与不同立场上的同事相同。要经常怀疑并确认“是否在使用只属于自己的语言”。

一期一会的航班机组成员

在 Chapter 4 中要介绍的是当要与刚见面或者刚认识的人一起工作时，怎样与其尽早顺畅交流的方法。

在前一章中，围绕“接待”之心主要讲了对乘客的关怀。

本章中要主要强调同事间的合作，介绍了如何尽早萌生出与同事协作的意识，并能最大限度地把工作做好。

由飞行员与 CA 构成的航班机组成员并不是固定不变的，每一次的航班都会结成一个新的团队。

机务维修部员工通常都是与同一个维修部门的成员一起工作，但当需要确认飞行后的机体是否出现异常时，他们也需要与素未谋面的飞行员或 CA 打交道。

从这一意义上可以说 **ANA 的员工都是“初次见面的专家”**。

为了能与初次见面的人们一起工作并取得成果，首先要使大家共享“使乘客安全到达目的地”这一共同目标，然后就是要重视用关怀之心与同事相处。

作为长期在同一职场上工作的人来说，同事们在进行一项工作时会共享“语言”。因此他们自然也会使用并理解在此职场中的语言。

而且，当了解了同事的工作风格后，也能较为容易地对工作做出“这一点不用说明”还是“这件事要提前说一下的好”等判断。

但是，在与初次见面的人共事时，这种“语言”通常无法通用。

“26 号桌”原来是“25 号桌”

机务维修部的员工山内说，维修人员与 CA 之间曾经出现过如下“常识性错误”。

“有位 CA 报告说‘26A 的餐桌板无法前伸’。于是我们就在飞机下次起飞前对‘26A’的餐桌板进行了维修。但是，那张餐桌板并没有任何故障。感觉奇怪的我们就去找 CA 进行了确认，结果 CA 所说的‘26 号’餐桌板其实是我们维修部所说的‘25 号’餐桌板。”

为什么 CA 与维修人员会出现对于餐桌号码的偏差呢？原因就在于维修人员与 CA 之间的“语言差异”。

维修人员在对机体进行维修时认为 26 号桌就是 26 号座椅后面固定的餐桌板。但 CA 所说的 26 号则是 26 号座椅上的乘客所使用的餐桌板，也就是说，他将固定在 25 号座椅后面的餐桌板当做了 26 号。山内说，一定要经常思考我们是否在用“我们自己的语言”向对方传递信息，一旦有这种可能就一定要进行确认。

自己在工作中认为理所当然的举动对于对方而言却未必如此。

在与初次见面的人共事时很难察觉到是否出现了这种偏差。要怀疑“我所认为的常识与对方所认为的常识不同”，并对这种偏差进行确认。可以说这是在与他人共事时要做好的基本心理准备。

“自己的语言”并不是常识

哪个是26A？

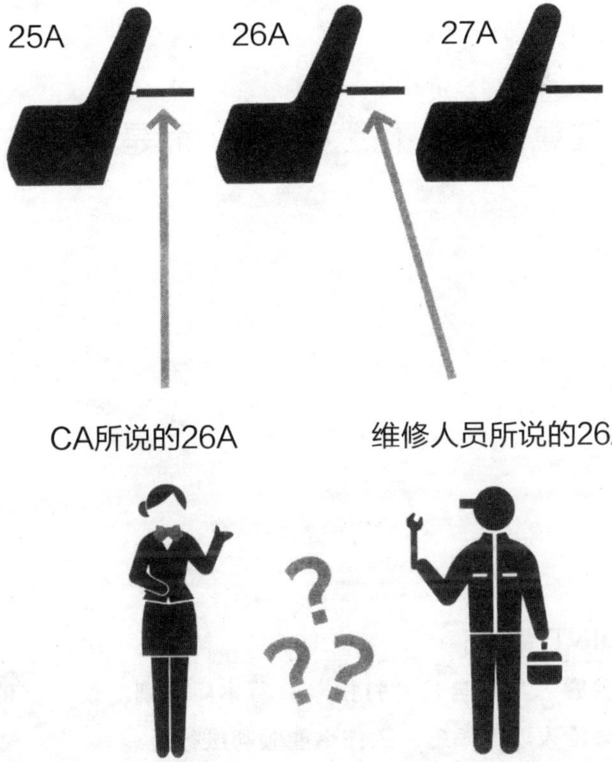

当所用语言出现偏差时，沟通就会出现障碍

Action 20

“注意仪容”不是为自己，而是为对方

POINT

“仪容”与为自己“打扮”有着本质差别。仪容整洁的人会给人以信赖感，工作也能顺利进行。

“打扮”与“仪容”不同

很多 CA 都是 20 几岁。年轻人都处在爱打扮的年龄，但是 ANA 却要求 CA 们注重“仪容”胜过“打扮”。

例如，公司规定，CA 的发型、头发长度以及颜色、饰品等都要给人以清洁感。因为 CA 的仪容会左右乘客对这一航空公司的放心度与信任度。

对于一个人的第一印象九成取决于其外表。仪容是决定乘客第一印象的重要因素。

例如，CA 没有将长头发束在脑后，还会时常摸摸刘海儿，而且指甲也很长会怎样呢？因为 CA 要管理食品，所以可能很多乘客都会感觉她这个样子不卫生。因此，ANA 规定 CA 要束发，不能披肩；指甲要保持在摊开手掌只能看到 1 毫米的长度。

打扮与仪容完全不同。打扮是为了自己，而仪容则是为了使乘客放心并获得他们的信任而进行的整理。

机务维修人员与飞行员也要注重仪容

不是只有直接与乘客接触的 CA 才要追求给人以洁净感的仪容。

在 ANA 的机务维修部门，包括作者本身也都注重仪容。如果你穿着上夜班时弄脏的工作服直接去即将起飞的航班上工作，那么你的仪容就会直接被乘客看到，从而引起他的不快，甚至有可能导致他对本次航班的不安。为此，在对即将起飞的航班进行作业前，维修人员要注意利用休息时间换上整洁的工作服。

另外，在飞行员手册中写有行为规范，其中就有“航班乘务员要正确穿着制服，不能损坏公司名誉与信用”等有关仪容的规定。

一个仪容邋遢的飞行员与一个着装整洁的飞行员，你更喜欢乘坐谁驾驶的飞机呢？答案自不必多说。当乘客看到仪容邋遢的飞行员时，她也许会想“这架飞机不会出事吧？”“把我的性命交给这样的飞行员有些不放心”。也许还会有乘客觉得

“我不想坐这种航空公司的飞机”从而避开这家公司的航线。

飞行员与乘客基本上都是初次见面。假如是长期共事的伙伴，他们可能会认为“别看他外表那样，但是工作却很踏实”。但是在我们的社会中，邋遢的服装给人的第一印象有可能会损失公司的信任度与安全感。

不仅在与乘客接触时是如此，在与 CA 接触时也是如此。不仅是仪容，你的说话方式、态度等都在与初次见面的 CA 能否顺利共事上起着重要的作用。希望能够在信任中与对方共事，就不要给对方留下糟糕的第一印象。

任何工作中都要重视仪容，没人希望和初次见面就仪表邋遢的人长期交往。

Action
21

利用“公文”或“图表”来传达复杂的事项

POINT

与和陌生人一起工作同样困难的是交接工作。为防止出现差错，ANA的维修人员们经常会使用书面文字或图画等形式。

工作交接的三条法则

在与他人进行工作交接时也会像和陌生人一起工作时那样，容易在现场沟通交流上出现失误或麻烦，这一点要十分注意。采用轮班制的维修人员称得上是“工作交接专业户”。为了不让工作在24小时的轮班制中出现停滞，他们为此下了很多功夫。

ANA的维修人员们在工作交接时通常会遵守以下3个原则：

1 大多利用书面文字；

2 一定要进行口头补充；

3 在工作“现场”交接。

大多数职场中往往忽略的就是“利用书面文字”。为了轻松方便，很多人都以口头形式进行工作交接，接替工作的人也感觉自己“明白了”，但还是会出现很多错误。

复杂的配线等用画图表示

看着实物进行交接也很重要。例如在更换零件的途中进行工作交接时，最好一边看着替换下来的零件，一边进行交接。这时可以将零件分门别类地摆放好，这样就会使接替工作的人很快弄清自己要做什么。

如果有复杂的配线，可以为接替工作的人备好“速写图”或“图纸”。单靠语言有可能会出现很多认识上的差异，但绘制成图画后则变得简单易懂。为了防止出错而在传达方式上多下功夫就是对下一位工作者的“关怀”。

交接工作时画图简明易懂

口头交接工作

利用画图传达

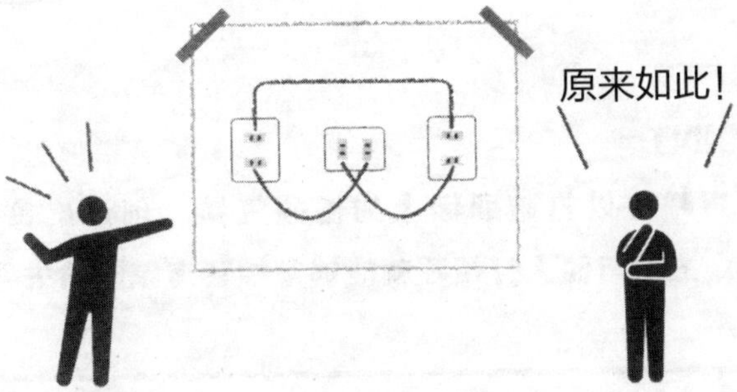

Action
22

自己首先打招呼，
“没有要紧事也要与对方说话”

POINT

打招呼可以打破职场上的僵硬气氛，创造出良好的氛围。主动与他人打招呼就能够掌控营造氛围的主导权。

新来的飞行员对“ANA 的打招呼”大感吃惊

机长猿棒实际上是从其他行业中途跳槽进入 ANA 的。他说在他刚刚入职时感到十分吃惊。

“我刚来 ANA 时，只要一走在公司的大厅里就能发现很多人在打招呼，这让我很吃惊。整个公司里到处都在说‘早上好’或是‘早安’。那时我就觉得这个公司真是太有活力了！”

在机务维修部，新员工一直都在贯彻执行与人打招呼这一原则。维修部的富田说：

“我们要求新员工一定要大声地与他人打招呼。每年 4 月中旬，完成集训的新员工会进入职场。当他们在公司里遇到其他员工时，他们会大声地说‘早上好！’。这是自我 1976 年入职时就一直坚持的传统。”

打招呼防止出错

在 Chapter3 中，我们介绍了与各位乘客打招呼就能打造出深入聊天的契机。为什么 ANA 的公司内部如此重视打招呼呢？

或许在一些企业的职场上，由于长期在职员工人数固定，因此除了必要的事情外，其他的一切都不需要传达。

但如果平时就能打造出一个发现情况就说一说的氛围，那么这样不仅能够防止出现问题，还有利于迅速产生新创意。

在打破“没事不说话”的呆板气氛时也可以从打招呼开始。如果能够以此为开端“再说几句”或展开以“天兴新土熟家健”为话题的聊天就更好了。

利用打招呼的短暂时间获得对方的相关信息

机场猿棒说可以**利用打招呼“获得对方的相关信息”**。

“几乎每个航班都是由陌生人组成的小组。即便事先看过同组成员的名单，也是与素未谋面的人一起共事。

因此，短暂的打招呼可以让人了解到诸如‘今天的机长有点儿可怕’，‘今天的副机长很认真’等同事们的性格、特点等。”

可能你会觉得在正式工作开始后再聊天也一样。但如果能在正式工作开始前就获得一些对方的信息，就能让大家顺利共事，让此后的工作也能顺利进行。

Action
23

你是“邮件派还是电话派”，明确联络手段

POINT

首先要向一起共事的同事传达交流方针。或者利用询问的形式减少分歧。

过去是口头或电话联系，现在则是邮件或 SNS

如果是一个人无法完成的工作，那么每天就要与同事就工作联系很多次。比如“明天的会议改在 14 点了”“我来做最终确认”“今天我先走了”等等。

这时通常大家都用怎样的方式联系呢?

在没有互联网的时代，职场中的日常交流手段一般是口头说明或者是使用内线电话。

但随着互联网的普及，即便是在同一大楼里工作，甚至是比邻而坐的同事也开始使用电子邮件来联系了。加之公司内部手机、短信、SNS 等都已成为日常联络方式。

正是因为联系方式的多种多样，所以才要在与同事初见时就相互确认好“用哪种方式联系”，这样就能防止出现联系出错或者传达不到位等问题。

在飞行中的航班机舱内，传达给同事的信息都是实时更新的。

“乘客想要这样”“有乘客身体不舒服”“由于预定降落机场的天气不好，所以我们需要在机场上空稍作停留”等等，在预料之内总会有些突发情况出现。

当然，这样的即时信息不可能全部做成书面文字传达。因此，在进行口头传达时，为防止出现信息接收错误，就要将重要词语（座席号码、时间、理由等）记录下来，或者重复来确保内容的正确性。

并不是所有人都会及时回复

很多人并没有有意识地选择“联系手段”。

有人感觉不擅长口头传达，因此就用邮件来做出详细指示或委托。相反，有人不擅长写作，于是就打电话进行联系。或许其中还有相信“见面才能真正沟通”的人，他们会尽量选择会面。

“我基本上都是用邮件联系”。——即便有人是这样，但也并不意味着所有人都会像他一样频繁地确认邮件、发送邮件。有时自己所认同的常识对方却并不一定认同。

在大家一起工作了一段时间后，你渐渐就会发现“啊，这个人总是收发邮件进行联系”“那个人爱用电话联系”等等。

但对于刚刚开始一起共事的人来说，他们通常很难把握对方常用的联系手段。

这就要在刚见面时就事先告诉对方彼此之间沟通交流的方法。

例如，担任 CA 的加藤会在航班起飞前的碰头会（简单报告、确认会）中以乘务长的身份告诉大家：

“发现有什么情况时都要在第一时间用内线联系。并且要告诉我，你预计自己能否解决这问题。”

加藤认为，团队中的成员们至少应该能够独自处理现场出现的问题。所以才会将“首先内线联系”作为联络手段。

主动询问对方的联络方式

大家也可以事先告诉首次共事的同事“我经常用的联络手段”。

“平时我会经常查看邮件，周末查看邮件不方便，有事请打电话联系。”

“无论多晚，只要发现有变动都可以给我打电话。”

反之，事先主动确认对方的常用联络手段则是一种关怀。

“晚上几点前给你打电话合适呢？”

“您平时常用邮件还是电话呢？”

事先找出并商定一个不会给自己和对方带来压力的联络方式，这也是一种十分重要的关怀。

Chapter 5

用关怀的“魔法话语”打动人心

Action
24

不是“传达”，而是“接收”

POINT

有时，自己认为“传达”了，但其实对方并没有接收这些信息。真正的“接收”要确认，弄清楚“接收”的信息也是十分重要的关怀。

确认“接收”的简单方法

向工作伙伴传达“我想请你这样做”后，在使其实现的过程中，“对方接收到”的信息十分重要。但这一部分很难顺利进行。

自己和他人本就是各自独立的。自己所传达的内容与对方所接收到的内容往往会不一致。我们不能只站在自己的立场上去思考“传达”，还要站在对方的立场去思考“接收”，否则就会出现“你说，我没懂”的分歧。

在 ANA 商务咨询实施的“人为错误对策”的研修中告诉我们“重要的不是‘传达了什么’，而是‘接收了什么’。”

其中的秘诀非常简单。山内说**“最为重要的就是认真确认下对方是否接收到了你想传达的内容”**。

例如，在通过电话决定会面时间与地点时，应该有以下对话：

A：“晚上 5 点在品川站的高轮口见面行吗？”

B：“好的，我知道了。”

A：“您知道高轮口吧？”

B：“那儿有王子酒店是吧”

A：“是的。5 点见。”

B：“好的。晚上 5 点见”

注意，如果让对方发现你在对他进行验证，那么他可能会觉得你很没礼貌。但假如**让对方重复自己说过的内容**，就能对其接收到的信息进行确认了。

反之，获得信息的一方用语言表明“信息已经全部接收到了”也是一种对对方的关怀。山内说“此时如果能够另外换个说法来表述一下会让对方感到更加放心”。

刚才的例子可以换成以下语言：

A：“晚上 5 点在品川站的高轮口见面行吗？”

B：“可以。晚上 5 点在高轮口见，也就是 17 点见，是吧？”

相互确认

ANA 的机务维修部门里，经验丰富的维修人员常常会省略用品的单位，因此要向下面这样对其进行确认：

C：“能去下工具室借个 15 的计量仪吗？”

D：“15 英寸吗？”

C：“不对。是 15/1000 英寸。”

飞行员之间也是如此。一些必要事项一定要向身边的副机长（或机长）进行口头确认。名为**“callout（重复确认）”原则**。

机长（或副机长）：“一千英尺。”

副机长（或机长）：“确认。”

在飞机下降到距离着陆 1 分 30 秒前的高度时必须要像这样双方确认后才能进行着陆准备。因此双方必须都要清楚“还剩一千英尺”。

另外，对于英文字母的错误认识也会成为出现错误或麻烦的根源。因此在电话中告知英文字母时，一定要添加说明词汇进行相互确认。例如“阿姨的 A”“北京的 B”等，目的在于确定对方是否正确接收到了信息。这就是 ANA 非常重视的方法。

英文字母的英语词汇表示法（例）

A : Aapha	**N** : November
B : Bravo	**O** : Oscar
C : Charlie	**P** : Papa
D : Delta	**Q** : Quebec
E : Echo	**R** : Romeo
F : Foxtrot	**S** : Sierra
G : Golf	**T** : Tango
H : Hotel	**U** : Uniform
I : India	**V** : Victor
J : Juliet	**W** : Whiskey
K : Kilo	**X** : X-Ray
L : Lima	**Y** : Yankee
M : Mike	**Z** : Zulu

Action
25

附加“原因”，多次传达

POINT

说明时附加理由就会很有说服力。如果能够时常有理有据地行动，就会让人感觉可以信赖。

需要让人信服时就要有理由

在导入制度时，员工们想知道为什么要这么做。

在会议延期时，员工们想知道为什么会议必须延期。

在出现人事调动时，员工们想知道自己的职务为什么变动。

当需要他人信服时就要有理由。人们会根据这一理由来判断是否可以相信你。

因此，在传达“想让你去做事”这一信息时，同时传递一个明确的理由尤为重要。

ANA 的机务维修部门在 2001 年进行了一次质量保证体制的变革。由于这会改变此前沿用的工作方式，因此不少基层员工提出了“质疑”。当时质量保证部负责说明的人是富田，他这样回忆道：

“在自上而下推行新事物时，ANA 的传统是进行彻底、细致的说明。这时质量保证部会制作 2 次传单，并且召开多次职场说明会。为使人信服，多次传达相同的内容也非常重要。”

传达新事物时要附加理由详细说明

在 ANA 商务咨询中也有类似的事例。

我公司为减少加班所采用的一个办法就是将电话热线时间定为 9 时 ~18 时。因此，针对这一新举措，一部分员工认为“与顾客至上的方针相反”“有可能会错过工作委托”，因此提出了反对意见。

但是，在我们为员工细致地解说了“在有限的时间里最大限度地发挥生产力才能使顾客满意”后，此前为此感到不安的员工们最终也接受了这一举措。

实际上，这一举措不仅减少了加班，而且也没有顾客为此感到不满，新举措取得了良好成果。

附加理由→判断→验证

有理有据地行动很容易引起周围人的共鸣。

机长猿棒说自己的每个行动都是在用心实践这 3 个步骤：

“因为情况如此。”（附加理由）

↓

“进行选择吧。”（判断）

↓

“这个选择好不好呢（是否不好）？”（验证）

例如，当你正在机场内赶往自己即将服务的航班时，你可以选择自动人行道或普通人行道。选择哪一条道路也需要对附加理由进行深思熟虑。

“自动人行道上有大批乘客，走那里会被他们堵住”（附加理由）

↓

“走普通人行道。”（判断）

↓

“速度比用自动人行道还快。选这个是正确的。”（验证）

为什么日常生活中的每个行动都要有附加理由呢？猿棒

这样说：

“这就好比是思考上的一个‘习惯’。一旦成为机长，很多时候都会向副机长传达指示。如果你毫无理由就随意行动，那么他们也会这样去做。**只要有理由，即便行动进展不利，大家也能够一起反省这一判断与选择是否合适，然后再在下一次的行动中进行改善。**”

大家也要多多考虑附加的理由是否适合这一选项。它也能提高我们对每项工作的认识。

Action
26

先夸奖，打开对方“聆听的大门”

POINT

表扬对方会让对方感到自己被认可，进而愿意听你说话。在批评或指导对方时，首先也要表扬对方。

即便是在提出警告时也要先表扬

在航班飞行结束后，机长与副机长会在谈话中进行一个回顾本次航班情况、提出改善意见的任务执行情况报告。

机长猿棒说在进行任务执行情况报告时，他非常注意“首先从夸奖开始”。

副机长：“机长，请您做任务执行情况报告机长。”

机长：“好的。今天为了躲避云层，你明确地指出要向这一方向移动。你这样做真是太好了。希望你以后也能这样明确地做出指示。”

副机长：“是，非常感谢！”

机长：“还有就是着落时。如果是我的话，我会选在这里。因为当时的风是从山里来的。”

副机长：“啊，的确！”

首先对对方的行为表示表扬，这样对方就会对你产生好感。因为她觉得自己的工作得到了认可。

“一开始就表扬对方，就能使对方积极地听取你的话，向你敞开心扉。”猿棒继续说道。

如果想要告诉对方哪里需要改善，首先就要表扬对方，让对方聆听你的话。由于对方没有马上被否定，因此也不会感到反感，在感到自己被认同后，听到别人提出的改善意见时就能抱着冷静而诚恳的心态去聆听。

发展相互表扬的“Good Job Card”机制

在 ANA，当一起工作的同事认同彼此的工作或行为时，就会相互“表扬”，使彼此变得更加积极。

2001 年，当美国恐怖袭击事件多发时，整个航空业也陷入了萧条之中。当时，为了能够成为真正使乘客满意的企业，我们就怎样转变员工做了深入和彻底的讨论。结论之一就是“努力→表扬→努力”，我们开始以持续进行这一循环并使其稳固发展为目标。

其中之一的具体事例就是“Good Job Card”。将彼此在工作上表现好的方面或对对方的感谢、鼓励等心情写在上面赠送给对方。

我们从 2001 年开始就在实行这一举措，以 2014 年养成表扬文化为目标，对赠送卡片的人与接受卡片的人都给予分值，并引入根据累计分值评定等级的制度。另外，我们还着手打造以“充满梦想的未来”为主题的经营理念，公司每收到一条与此相关的交流短信就向社会捐献 1 日元。

最初毫无根基的“表扬”文化现在终于在整个公司全面扎根了。现在我们要以此为契机，重视如何使其逐步发展、壮大。

Action
27

对方越是着急，越要“慢慢”说话

POINT

截止日迫在眉睫时，焦躁地工作会造成注意力分散，极容易发生错误。越是在同事焦急慌乱时，自己讲话越要缓慢。

令航空业界恐慌的“hurry-up syndrome”

工作时间有限。当工作时限一步步临近时……

一旦陷入这一状况，人们就会着急地想要“快点儿干完”。“忙”这个字的写法理解为“心亡”。一旦焦急地去做某事，那么就有可能会把平时很容易做好的事情做糟，把本该有的步骤也省略掉。

航空业界非常重视这一称之为“hurry-up syndrome（快点症候群）”的心理状态问题。说的就是在时间越发临近时，人的注意力开始分散，压力也开始出现等心理状态。

航班起飞时的法则就是安全第一。安全是不可衡量的无价之宝。

但纵观整个业界，越是想要达成按时运营的目标，员工就越会陷入 hurry-up syndrome 这一情况之中。其实，从航空飞行史上记载的几次重大事故出现的结论来看，其原因之一就是飞行员出现了 hurry-up syndrome。

“检查”自己和对方是否处于焦急状态

飞行员也是人。他们有时也会为了保证按时运营而感到焦急。这表现了他们自身想要履行承诺的诚实内心。

因此 ANA 的员工们会注意运用会话力，让焦急的人冷静行事。

当机长猿棒感觉控制室里坐在自己旁边的飞行员有些焦躁时，他就会故意在与其讲话时放慢语速。

例如，副驾驶员 A 在对确认项目进行复查时似乎有些焦急，他的语速变快了。

此时，坐在他旁边的机长 B：

“……（间隔 2~3 秒）。知道了……（间隔 2~3 秒）。Log and Documentation……（间隔 2~3 秒）”

这种情况下，**要故意在回复时留有少许间隔时间，或者让语速减慢。**

猿棒说“让对方感觉到自己是故意这样做的最好”。在这几分钟里可以让焦急的飞行员反省“我是不是有点儿着急了”。

飞行员不仅要注意他人，还要注意经常自我检查**“我是不是着急了”“我的小组是不是着急了”**。在感到自己“有点儿着急”时要自我纠正。在感到对方的言行“有些焦躁”时要纠正对方。这样才能努力保持正常状态。

如果周围有人正在因为工作而焦躁，就要与之慢慢说话，试着帮助对方回到原本的轨道上。

Action 28

公文"定型"后能够消灭"疏漏"与"漏洞"

POINT

个人酌情制成的公文可能会出现疏漏或漏洞，因而无法向对方正确传达重要的事情。只要拥有固定格式就能防止出现这一问题。

实事求是，尽量具体

在 ANA 的技术部门，当基层维修人员做出维修工作指示时，需要利用制作好的“工程任务书”进行指示。工程任务书有固定格式，基本由 5 方面构成。

1. 指示工作所必需的理由。
2. 对象机体号码、实施期限。
3. 必要零件。
4. 必要工具。
5. 指示内容（具体工作顺序书）。

最初在写作时最为重要的是“为什么需要这项工作，不做这项工作会有什么影响”。例如，“ANA 的机体虽然没有出现故障，但海外其他公司的机体已经出现了故障报告，因此，以防万一，我们要更换零件”。

维修人员富田说：

“在工程任务书中传达指示内容时不要带有任何感情色

彩。要尽量用实事求是、内容具体的公文正确传达。它与容易带有个人感情色彩信息的邮件各有所长。”

“定型”后不易改变

即便没有像 ANA 的机务维修部一样的公司规定样式，只要制成一份可反复使用的公文或邮件的“样式”就不会出现疏漏或漏洞。

人们无法预测自己在书写公文或邮件时会带有怎样的感情。即便是在精力不济时，只要使用“样式”进行书写，就能保证公文的基本品质。另外还能避免公文中出现丢三落四等错误。

各种各样的公文“样式”

工程任务书

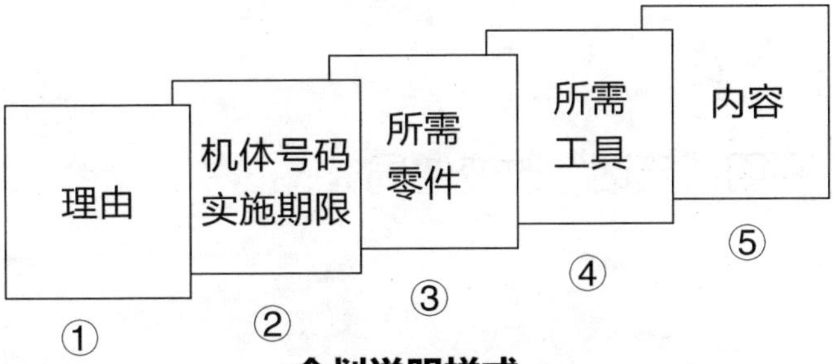

企划说明样式

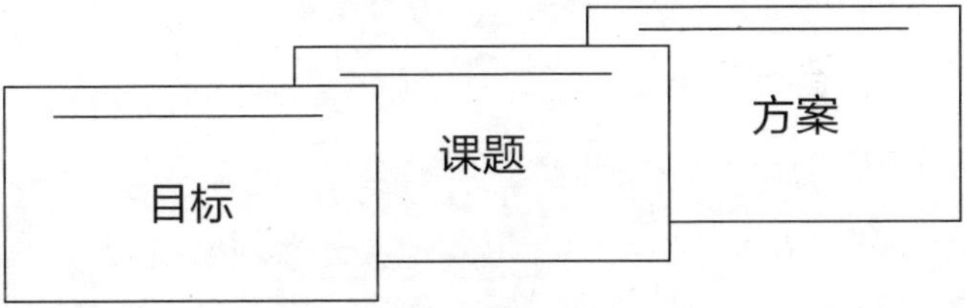

报告样式

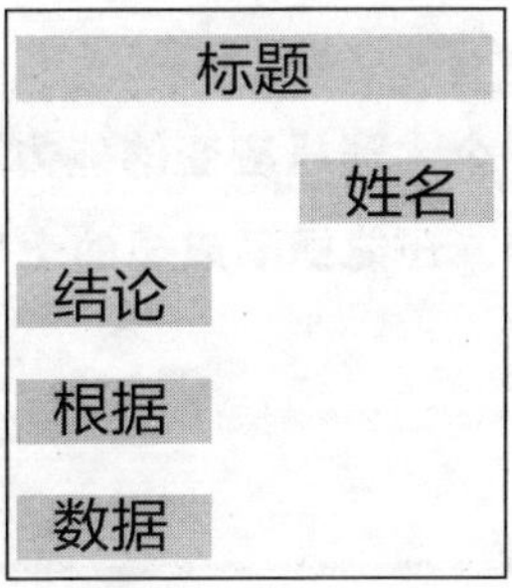

Action 29

利用“笑话”改变僵局

POINT

笑话体现的是一个人随机应变的能力。聊天中夹杂着笑话会让人感觉放松，还能提高成员的士气。

“笑话”是提醒注意的特效药

在针对女学生的调查中发现，很多人都将CA作为“憧憬的职业”。或许很多人都会觉得CA“高雅”“文静”“几乎都是美女”。

然而，当你在飞机上与ANA的CA实际接触后就会发现，她们与这些“人们的想象”大相径庭。

作为ANA行动指南所设计的ANA’S Way就是“安全”“乘客视角”“社会责任”“团队精神”“努力与挑战”。在此基础上，ANA的CA们时刻都不会忘记“说笑话”。

担任CA的加藤说“如果有10分钟的聊天时间，我一定会以逗笑对方为目标。”为使大家在工作上团结一致，就要使成员们感到“很想听这个人讲话”，调动大家的积极性，而这一特效药就是“说笑话”。在“TED会议”上进行演讲的世界超一流企划说明者们也会在开场时讲些笑话，博得观众一笑。

在聚会延迟开始的微妙气氛下，主持人的通知方法是……

担任 CA 的林说了一段自己的亲身经历。

一天，公司内部要举行一个联谊会。林担任了这个聚会的主持人。聚会预计 18 点 30 分开始。然而，有的员工实在无法按时结束工作赶过来，于是大家开始等待这些员工的到来。

通常，在这种“等待”中，参会者会产生“宴会早该开始了”“怎么还不开始啊”的心理，于是会场里的气氛就会变得有些微妙。

这时，担任主持人的林说了以下致辞，缓和了会场气氛。

“（空乘播音风格）乘客们，感谢您搭乘本次航班。我是担任此次航班乘务长的林。本次航班预计 18 时 30 分出发。但在全体乘客登机前，请再稍等 15 分钟。现在请大家稍时闲聊。”

这样说完，会场里一下子沸腾了起来。在等待的时间里，会场里的人们始终在欢快地聊天。延迟了 15 分钟开始的聚会也一样气氛热烈。

此外，林也遇到过这样的事情。当时她正在飞行的航班上工作。她看到了一个头发蓬乱的 CA 正要准备开始工作。看到她的样子后，林猜测“她家里或许是出了什么事情”。

但是，如果林直接去问**“A，你头发乱糟糟的怎么回事？是家里出事了吗？”**，这样就会使气氛变得很严肃。

因此，林这样对 A 说：

“哎呀，你连头发都忙乱了！？快点儿再去照照镜子吧！”

这样就巧妙地在不让气氛变得严肃的同时也指出了对方的外表。

只要能缓和气氛，就算是冷笑话也无所谓

聊天时说些笑话非常有效。但是，如果弄不好也会成为冷笑话。不过，加藤和林却说“冷笑话也没关系，总比大家不笑强”。

“有时笑话说完了也没人笑。‘啊，加藤刚才的笑话冷场了呢，真是好可怜’。有人这样认为的话，气氛自然也会缓和了”。（加藤）

“面对努力打造轻松环境的人，周围的人会想‘一定要为了这个人努力’。”（林）

即便笑话没有逗笑别人，但是对方却能够接收到你试图想要走近他的这一态度。

Chapter 6

ANA特有的“上司对下属”的关怀

Action 30

注意，“权限”不是“权力”

POINT

权限与权力不同。权限是实行责任与义务时被赋予的力量。权力则是利用职位强制他人的力量。上司要使用权限，但不要使用权力。

不要弄错“权限”和“权力”

在工作上，不论本人是否意识到，上司在统领职位低于自己的员工时都拥有“权限”。

权限是在某个范围内正当进行某事时所被赋予的能力，以及这一能力涉及的范围。

上司要实现作为上司而被赋予的所有义务和责任。

就 ANA 来说，上司要负责安全运营，遵守法令，确认机体维修工作的完成等等。在完成这些责任与义务时被赋予的所需能力就是“权限”。

但是，权限有时往往会变为“权力”。

权力是强制他人服从的力量。

一旦变为“权力”，那就带有无论对方抱有怎样的心情，都会强制其按照自己的意愿去做的意思。

意识到权限与权力的不同也是关怀

在 ANA 飞行员所接受的教育项目中，有一项是“注意，不要把权限当做权力”。

机长猿棒这样说：

“要经常思考权限的使用是否正确。一旦有上司在想使用权限时却动用了权力，那么他的属下员工就能从中发现错误。”

权限与权力很难界定。时刻意识到两者的不同，并在工作中进行区分对待是相当困难的。但是，只要拥有这种意识，你就不会轻易将它们混为一谈。

- 为达成工作目标而操控属下的力量是“权限”。
- 利用自己的职位高低来驱使属下的力量是“权力”。

权限是什么，权力又是什么？

要将两者明确区分开来，并且不要使用权力，而是使用权限对下属做出指示。这也是对属下的一种关怀。

Action
31

在人前决不要发怒或批评他人

POINT

表扬要在人前，发怒或批评他人时要在人后。批评他人时私下进行，当有人有进步时要大力表扬。

表扬在人前

在企业活动中，人们为了某种目的而集合在一起的机会很多。比如开会、集会，以及像我们 ANA 运营乘务员一样做简报等。

当有很多人像这样集合在一起时，懂得关怀的上司就会做积极的事和不做的事。

- 在大家面前积极做的事：**表扬。**
- 在大家面前不做的事：**发怒、批评他人。**

这是我们 ANA 员工极力想要做到的一种关怀。

当有成员做得好时，上司会表扬。上司会尽量在人多时说“昨天 XX 做了这件事。十分感谢”，并在感谢的同时对其进行表扬。

被表扬的当事人在人前受到表扬后干劲儿就会提高，这还有可能会成为他今后变为众人楷模的契机。另外，听到这种表扬的人也会受到刺激，想着“我也要努力像他一样”。

这种将“人前表扬”的行为更加体系化的就是 Chapter5 中介绍过的“Good Job Card”（参照 P126）。

批评他人时私下进行，有进步后要表扬

另一方面，与其说是关怀，但却更近似于制度的就是“在人前发怒、批评他人”的行为。

发怒就是生气。批评就是列举出对方不好的言行，然后以强硬的态度去苛责。

“你做的事情就像完全不看四周状况似的。你能不能有长进了！”

如果一个人在他人面前被这样怒斥，当事人就会觉得很受伤。对于听到这段对话的人来说也并不好受。

发怒是忘掉理性、任由感情肆意的行为。因此即便是在无人时也应该慎重。

那么，应该怎么批评对方呢？

担任 CA 的林这样回答：

“批评与表扬一样都是在培育人，因此都很重要。观察

对方的行为一段时间，如果需要批评，那么就尽量在私下进行。而且还要直接告诉他‘现在你做的事情有这些问题’。但假如他这样做是有原因的，那么就要听听他的理由是什么。”

还有一点，“批评过后就要时常观察对方的行为，这非常重要”，林继续说。

“在批评过后，如果对方进行了改正或者做得好了一定要进行表扬。”

对每个人都可能会出现的人为错误表示理解

试想一下人们会出现的“人为错误”。违反规定、散漫、偷懒等故意行为都是我们批评的对象。但**人为错误不该受到批评。**

人在本质上就会出现人为错误。错觉、遗忘、操作错误等因人类的性质而导致出错的原因多种多样。

负责维修的山内说“在考虑 A 的失败事例时要清楚那时

A 是凑巧赶上，如果换做 B、C 也可能会出现这一情况。这是最基本的思考方法。”

对 A 偶然出现的人为错误要进行原因分析，将这一事例与原因分享给其他员工非常重要。

对于 A，上司不要发怒，也不要批评他，而是在询问事情经过的时候用态度表明“为了让你今后不再出现同样的人为错误，你必须这样做”。

同样担任维修的富田说：“故障有可能导致的事故或意外等称之为‘意外事件’。让大家共享任何人都有可能出现的意外事件的信息，并对其进行讨论、事先想好对策等非常重要。无论哪一岗位都要对意外事件防患于未然。”

Action
32

由己及人

POINT

在希望下属做某事时，如果能够主动向其展示参考范例，那么就会让下属感觉“我要听这个人的话”。对你的信服度也会提高。

学习就是模仿，自己演示后再让他人模仿

在与新员工一起工作时，往往会有“这家伙要是这里这样做就好了”的瞬间。

在这种时候，机长猿棒就会自己来演示，就是“自己做给他看”。

“字典上也说‘学习’就是‘模仿’。要培养副机长就应该让他模仿机长。在飞行中发现的注意事项当然可以口头传达，但也要注意亲自示范。”

例如，机长和副机长正在一架预计要在羽田机场与地方机场间往返两次的航班上。

机长与副机长的职能不同。在飞行中，机长主要负责操纵飞机，是“领航飞行（PF）”，副机长主要负责监控、通讯等，是“监控飞行（PM）”。

在往返两次的航班上，机长和副机长有时会趁此机会将 PF 和 PM 的工作对调。

在第一次飞行中，首先让副机长担任 PF。这样机长就可

以在担任 PM 的同时查看副机长的操控。着陆后，在做完第一次飞行的任务执行报告后，再在第二次飞行中换由机长担任 PF，并亲自对任务执行报告中所指出的问题进行演示，用实际行动告诉副机长“应该这么做”。

口头要求注意或指出的事项再在飞机上进行亲自演示，这样你的新员工才会在心底感觉“我要听这个人的话”。

让新员工参考自己制作的公文实例

这一方法也能马上用于办公。

当有上司或老员工给下属看了数据或目标后说“希望你能达成这一目标”时，下属就会想“具体该怎么做呢？”。

这时，上司或老员工就可以将自己以往亲身经历过的实例拿出来做演示。

例如，将自己接受客户委托时的公文拿出来，告诉下属“可以参考这个再重新组织一下”。这种范例对于下属而言就是“能够达成目标”的实践性指标。

Action 33

推动下属积累“成功体验”

POINT

在部下有失败体验时，上司要为其准备一个可以轻易挽回结果的相同体验，以便给予部下获得成功体验的机会。

乘务长要给惹恼了乘客的 CA 做工作

在 Chapter3 中，我们曾经说过一名年轻 CA 向老员工学习，为乘客盖上了毛毯，结果乘客却说“太热了！”（参照 P59）。

其实这件事还有后续发展。

因为惹恼了乘客而吓呆了的年轻 CA 被乘务长叫到了乘客看不到的厨房里。

乘务长：“那位乘客虽然穿着套装，但却解开了衬衫纽扣，可见他是怕热的。如果他觉得冷的话就会把外套盖在膝盖上了。”

年轻 CA：“还真是这样。”

乘务长：“别看我给了你这样的建议，我在刚做 CA 时也和你有过差不多的情况。当时就有乘客说‘为什么给那位乘客盖毛毯，你怎么不给我盖啊？’。以后我就会在为一位乘客盖上毛毯后，再注意观察四周有没有也想要盖毛毯的客人。”

一起思考工作不顺利的原因，拿出自己亲身的失败体验与部下分享，最后再告诉部下如何改善。这样就会让新人 CA 感到“下次要在这里多加注意”“自己不是孤军奋战”，就能提高新人的能力。

拥有成功的自信能让部下获得成功体验

之后，乘务长发现机舱内其他座位上的乘客似乎有些冷。因为那位乘客将外套盖在了膝盖上。

乘务长对刚才的年轻 CA 说：“现在 24 号 C 座的客人似乎有些冷，你再试着带毛毯过去一次吧？”。乘务长通过经验判断，十分确信“为那位乘客服务，90% 会成功”。

年轻 CA 走到那位乘客身边，惶恐地问道：“您需要毛毯吗？”。

“谢谢你。我正想要找东西盖一下呢”乘客说。

部下或新员工在因失败而失落，或一时情绪不佳时，要想办法让他们获得“成功体验”，无论那是件多么小的事情。

这才是有经验的上司、老员工会做的事情。在发现“这件事会顺利进行”时，不是自己抢着干，而是把机会让给部下，让他们获得成功的体验。

不要自己射门，而是成为让部下或新员工进球的助攻手。这也是上司对部下的一种关怀。

Action
34

与上司/老员工见面时不要去的过早

POINT

需要见面时，上司要提前告诉部下“准时到场就好”。这样就能让部下有效利用见面前的时间。

一味“要比老员工早到”就会失去宝贵的时间

在现今上下关系依然森严的企业中，或许有人会有“见面时不能让上司久等。部下应该先到”等心得。在 ANA 的飞行员之间也有副机长要在会面地点迎接机长的文化，至今依然延续着这一习惯。

如果部下要到会面地点迎接上司，那么部下自然就要比上司早到。

例如，如果出差时和上司约好“早上 8 点在下榻的酒店大厅集合”，那么为了“要比上司早到”，部下就必须在 8 点 15 分 ~8 点 20 分左右在大厅等候。

猿棒对此是这样做的。

在航班起飞的前一天，机长会告诉副机长集合时间，这时会添上一句“集合时间到了再来”。

不施加“无形的压力”

特别是在早晨时段，既要吃饭，还要刷牙、洗脸、整理仪容仪表，非常匆忙。只是为了等待上司就要花费 5 分钟或 10 分钟的话，不如更加有效地利用这段时间。可以说这是一种关怀。

“实际上，在去集合地时，自己也要注意不要太早到达。因为那样会给部下带来无形的压力。”猿棒继续说。

通常都是部下留意上司的时间，但在 ANA 却在实施与此相反的关怀。

Chapter 7

在“团队”中的关怀活用法

Action 35

关怀可以“结构化”

POINT

让大家感到舒服的关怀要团队共享。最为重要的是要让这种关怀渗透进结构之中，这样大家才会展开行动。

“关怀→发现→结构化”

关怀原本是人类自发的行为。因此此前人们通常认为“关怀是人类与生俱来的天性”、关怀是“个人属性”等等。

ANA则认为如果关怀只停留在个人“技能”上是一种浪费。

如果一个人进行的关怀很好，那么就要让团队共享这一关怀，使其结构化并拓展至全公司。

关怀→发现关怀的有用性→将关怀的内容结构化

通过这一流程使关怀最终结构化。

“能够轻松地进行信息交换”也是关怀

例如，维修部里有“联络”这一环节。这就是从员工的关怀中实践产生的。

“联络”就是让零件部负责人与机体维修负责人进行信息交换。

例如，零件部负责人向机体维修负责人转达“请详细说一下更换这一零件时机体出现的不良状况”。机体维修负责人则向零件维修负责人转达“刚装上这一零件就出了问题，请说一下在工厂里修理的情况”。

现在，修理过的成品上都对修理零件的员工的姓名以及联系地址等信息做了记录，这样机体维修负责人会在咨询零件维修负责人前有个简单了解。

另外，在某部门修理过的零件上还会贴上**维修人员的照片，这样既让人感到亲切，又能轻松地找到他进行咨询了**。

借故让关怀拓展至全公司

这一“联络”环节产生于以下事件发生时。

零件维修负责人把因出现故障而替换下来的飞机零件拿去工厂设备室中进行检查、修理。但在检查这一零件后却并没有发现任何故障。

因此，零件维修负责人想要直接向机体维修负责人详细信息交换环节——“联络”

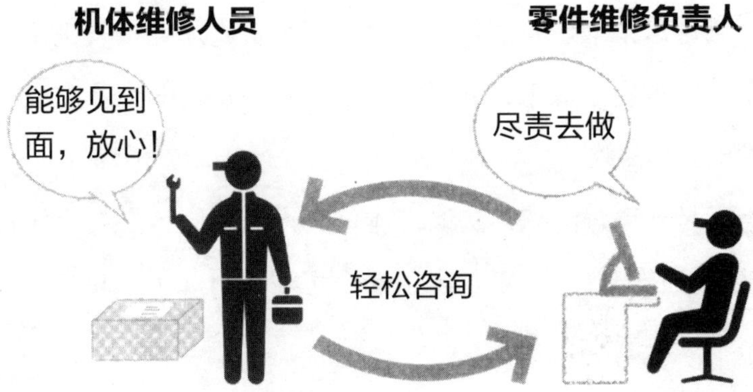

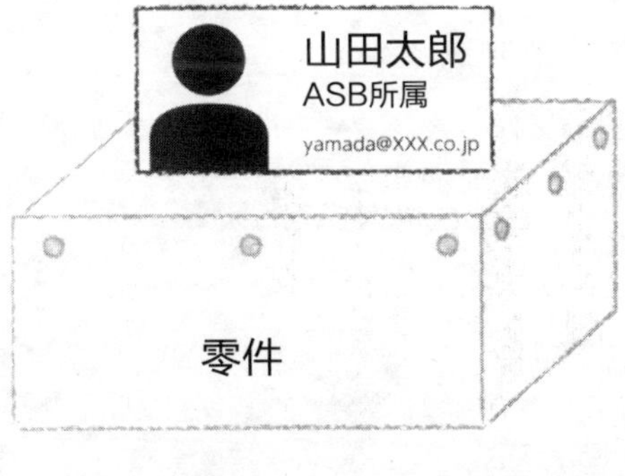

作为“在我确认后才交货的证据”，清楚地写下归属、照片、邮件等

询问下更换零件时的情况，可两个人相互不认识，所以没办法马上对这一情况进行确认。

无论怎样都想弄清楚的零件维修负责人就直接与机体维修负责人取得了联系，在详细问清了状况后，顺利地完成了零件的修理工作。

于是，“有没有办法让机体负责人与零件负责人更加轻松地交换信息呢？”正是出于这一想法才出现了“联络”这一用来交换情报的环节。

你周围是否有人在进行关怀？将这些关怀结构化后就能打造出便于工作的职场。

Action
36

“什么都不做”也是关怀

POINT

关怀之心所产生的并非只有“行动”。有时也会得出“不动”的判断，是否应该有所行动也可以征求对方的意见。

只有“行动”绝非良策

本书中介绍了很多“用关怀之心为对方展开行动”的方法，并列举了很多实例。

但在“关怀之心”下所产生的并非只有“行动”。**有时也需要“不动”。**

人类都希望他人知道“我做了这件事”。经过冥思苦想后再去实施的行动，不论失败或成功都会因为这是“劳动所得”而轻松获得表扬。

另一反面，有时我们也会当场发现“什么都不做”才是最好的方法。

原打算以示亲切才帮忙叠毯子……

ANA 的 CA 每天都会为几趟航班服务，有时也会在同一架飞机中担任乘务工作。

这时，CA 们会在下趟航班起飞前，在已经落地的机舱内用餐。与此同时，由于要为下趟航班做好起飞准备，所以在保洁员、货运工等登机后就会着手开始进行准备。

吃完饭的CA也会开始为下一趟航班做准备，然而机舱内有保洁员负责打扫，厨房里有货运工负责配备饮料等物品。

在这种情况下，某位CA出于关怀之心开始帮保洁员叠毛毯。然而，由于她的折叠方法不对，反倒让保洁员感觉“还要重新再叠一次。真是添麻烦”。这就是好心办坏事的一个例子。

自己也有过帮倒忙经历的CA加藤说：“这时应该让专业保洁员来负责叠毛毯，自己不参与（或做自己力所能及的准备工作）才是正确的。”

“需要我帮忙吗？”

但是，我们很难泾渭分明地区分出哪种关怀“不要行动”，哪种关怀“应该行动”。

担任CA的林给了我们简单明快的回答。

“如果拿不定主意，不知道应不应该帮忙，那么就直接问一句‘需要帮忙吗？’。而且，如果觉得自己在那里有些碍事的话，也可以问‘我在这里会碍事吗？’。与其自己在心里乱猜，不如直接问出明确的答案。”

对于这种“需要帮忙吗？”或者“会碍事吗？”的提问，即便需要帮助或感觉到碍事，对方通常也会出于客气而回答“不用，没关系”。

“为了预防此种情况，就要在生活中时常与大家问好，多多聊天。这很重要。”林说。

要打造出能够有话直说的关系。只有创建了这样的关系，对方和自己才能顺利工作。

“用行动关怀”与“不用行动关怀”

与其自己做出判断，不如直接去问对方，按照对方的意愿去行动

Action 37

用关怀“感染”组织

POINT

关怀具有感染力，一个人的关怀能够使同伴也产生关怀，久而久之就会酝酿为“关怀文化”。

关怀具有感染力

ANA 并不是在招聘新人时就注意录用会关怀的人。

在一个人进入了把关怀看作理所当然的团队之后，他自己也会开始学会关怀。这是事实。因为关怀是“团队工作顺利进行中必不可少的”。

机长猿棒这样说：

“我是被懂得关怀的老员工培养出来的。在接受老员工的关怀的同时，我们也感觉必须要会关怀。”

那么，ANA 是如何将这种“关怀”变为公司内部习惯的呢？维修人员山内做了以下说明。

“这是因为它最适合我们公司的每个员工。给利用 ANA 的各位乘客提供安全、准时的飞行已经成为了全体 ANA 员工的共同目标，这或许也是关怀能够感染其他员工的条件。”

适合整体意味着不是适合组织中的一部分，而是适合整个组织。一旦适合整体，组织就会做出明确的目标，构成组织的部分（也就是部门、机构等）就会尽力做到最好。正是处于这种状态之下的组织才能将关怀变为习惯。

传播关怀

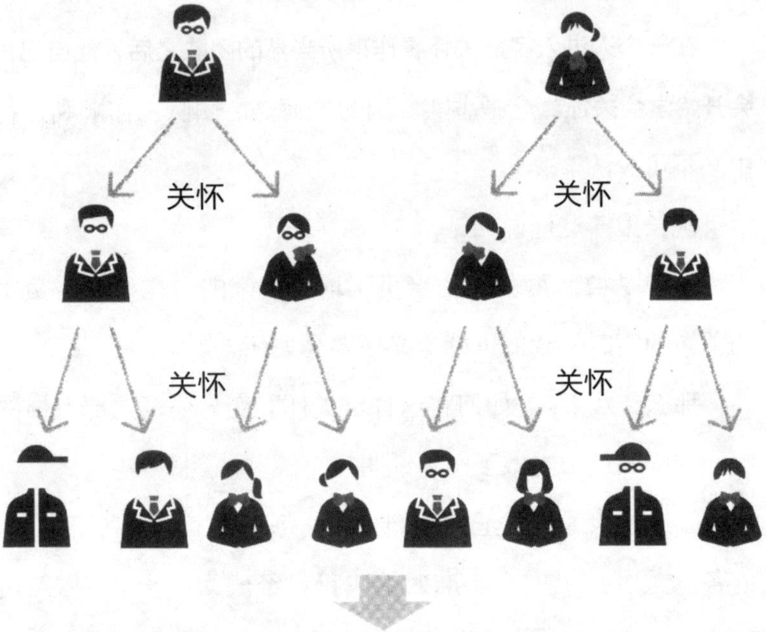

成为理所当然地进行关怀的团队

**当有人进行关怀时，被关怀的人也会展开关怀，
这样就使关怀文化得以扩散**

假如部门之间，或者员工之间的首要目标各不相同，那将很难产生协作关系。

但是，如果以适合整体为前提，并使整体共同拥有同一个目标，那么自然而然就会变成“自己让对方做的事情与自己的目标两者一致”。

如果你在平时工作的职场或组织中感受到了“关怀”，那么请将它传递给所有员工，并将其培育成公司文化。

如果感到“关怀”还不够，那么就请从关怀你周围的人开始。

- **用一秒钟想象对方。**
- **想象未来。**

只要注意到这两点，你就会发现，自己能够做到的关怀数不胜数。

当你对同伴进行关怀时，你的同伴也会这样做。当你的同伴进行关怀时，你也会这样做。

因为，关怀具有在人与人之间相互感染的力量。

后 记

虽然本书尽力用“行动”展示出了关怀，但实际上关怀是很难被看到的。所以才需要以身相传、以口相传，或者手把手传授。它无法像经典名作一样收入典籍之中。

“要像对待珍宝一样对待乘客的行李。”

在这次采访中，任职20年的CA林这样描述“关怀”。把乘客的行李想象成是珍宝，那么你就会双手接过行李。把行李想象成是珍宝，那么你在存放行李时也会小心翼翼。把行李想象成是珍宝，那么你就绝对不会把它弄丢……

这是一段极具ANA风格的小插曲，在本书正文中并没有刊载。因为公司中的所有CA正在对此进行实践，因此对其还不确信。

“让乘客们更加满意。”

“让飞机的安全性更高。”

“让服务的品质更高。”

“让团队工作更加协调顺利”……

今后的ANA非常重视的是作为行动方针所设定的ANA’S WAY，为体现“安全”“乘客视角”“社会责任”“团队精神”“努力与挑战”，这些经验丰富的员工们的知识、经验不能只停留在自身，而是要将它们覆盖整个组织。由老员工身体力行做榜样，新员工再向老员工学习。这样周而复始就能使这些知识、经验彻底传承下去。

最后，在此对协助进行取材、撰稿与草稿编辑的作家漆元次郎表示深深的感谢。

2015年12月

ANA商务咨询